T 2660
Oxy.

PROGRAMME

DU COURS DE

PHILOSOPHIE MÉDICALE

PROFESSÉ A LA FACULTÉ DE STRASBOURG EN 1844-45,

PAR C. FORGET,

PROFESSEUR DE CLINIQUE MÉDICALE A LA FACULTÉ DE STRASBOURG,

Président des jurys médicaux, membre correspondant de l'académie royale de médecine, membre honoraire de la société de médecine, de la société anatomique, de la société phrénologique ; ancien agrégé de la faculté de Paris, ancien médecin de la marine royale ; membre correspondant de l'académie royale de médecine de Belgique, des sociétés des sciences et de médecine de Lyon, de Bordeaux, de Marseille, de Dijon, de Besançon, du Haut-Rhin, de Leipzig, du grand-duché de Bade ; ex-président de la société de médecine, vice-président de la société des sciences et arts de Strasbourg, chevalier de la Légion d'Honneur.

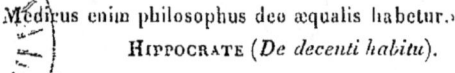

« Medicus enim philosophus deo æqualis habetur. »
HIPPOCRATE (*De decenti habitu*).

PARIS,
CHEZ J. B. BAILLIÈRE, RUE DE L'ÉCOLE-DE-MÉDECINE, 17.

STRASBOURG,
CHEZ DERIVAUX, LIBRAIRE, RUE DES HALLEBARDES, 24.

1845.

STRASBOURG, IMPRIMERIE DE G. SILBERMANN.

PROGRAMME

DU

COURS DE PHILOSOPHIE MÉDICALE.

INTRODUCTION.

DISCOURS SUR LA CRITIQUE MÉDICALE.

> « Aimer les hommes, immoler l'erreur. »
> S. AUGUSTIN [1].

La faculté de médecine de Strasbourg ayant été récemment gratifiée d'une seconde chaire de clinique, mon nouveau collègue et moi sommes dans l'obligation d'alterner pour cet enseignement. Nous eussions eu rigoureusement le droit de nous reposer dans l'intervalle de notre exercice ; mais nous avons accepté volontiers la mission de remplir cette période par l'enseignement de la pathologie. C'est que nous sentons que nul n'est plus propre à dérouler l'histoire théorique des maladies, que

---

[1] Un critique de bon goût m'appliquait naguère l'épithète de *capucin*, pour avoir cité, par ci par là, Moïse et Salomon, S. Paul et S. Augustin. Cet honnête journaliste ignore sans doute que ces saints personnages étaient aussi de grands philosophes.

celui qui les a longtemps étudiées sur le terrain de la pratique. La pathologie est le corollaire de la clinique, ou plutôt l'une ne peut pas plus se passer de l'autre que l'anatomie ne peut se passer de la dissection.

Mais en changeant de rôle, le clinicien perd les avantages qui naissent de l'intérêt actuel, de la variété des objets, de la spontanéité des aperçus, de tout ce qu'il y a de mouvement dans l'exploitation du malade lui-même. En pathologie, l'inspiration, l'inattendu, le drame, si je puis dire, sont effacés, étouffés par la froide régularité d'un plan logique, continu, où tout se succède et s'enchaîne dans un ordre prévu. La clinique est le domaine chatoyant des éclairs du génie; sa sœur est le froid sanctuaire des études poudreuses et des lentes combinaisons.

Si l'étude réfléchie, si des notions larges et profondes sont la base de la pathologie, vous trouverez naturel que nous abordions ce grave sujet par quelques réflexions sur la critique médicale, sur cet instrument qui devra nous servir à discerner le vrai du faux, le bon du mauvais, l'utile de ce qui ne l'est pas.

Comme toutes les choses humaines, la critique a ses avantages et ses inconvénients. Elle est un bien lorsqu'elle est éclairée, équitable, dirigée par l'amour du vrai, du beau et de l'utile; elle est un devoir rigoureux lorsqu'elle touche aux intérêts de l'humanité. On entend chaque jour de petits ambitieux se plaindre amèrement d'être dérangés dans leurs petits calculs par le fouet de la critique. Ils ne conçoivent pas que des hommes dont ils ne froissent pas les intérêts scientifiques et matériels viennent entraver l'essor de leur ambition furtive... Ils ignorent, ceux-là, que la morale scientifique est confiée à la garde de tous les savants; qu'il est un honorable amour du vrai qui pousse à déclarer la guerre à tout ce qui est faux, et qu'une des meilleures actions de l'honnête homme est de déraciner les erreurs, les préjugés, de démasquer l'ignorance et le vice, de défendre l'humanité contre les agressions de la vanité, de l'égoïsme et de la cupidité.

La critique probe elle-même n'est pourtant pas exempte de cruauté, car elle a coûté la vie à des hommes inoffensifs, dont l'unique tort était de méconnaître l'insuffisance de leurs talents, l'infimité de leur esprit, leur absence de génie : l'abbé Cottin succomba, dit-on, aux sarcasmes de Molière, et les satyres de Despréaux entraînèrent l'abbé Cassagne au tombeau. Ce sont des malheurs sans doute, mais ces malheurs deviennent des crimes alors qu'ils émanent de la critique injuste, passionnée, envieuse, laquelle s'attache à flétrir le génie même, et s'acharne d'autant plus voluptueusement sur sa proie, que celle-ci est plus illustre et plus vénérable : Racine, de son aveu, recevait plus de chagrin de la critique qu'il n'éprouvait de plaisir des applaudissements. On sait que ce poëte sensible mourut de tristesse pour avoir perdu les bonnes grâces du grand roi. On dit qu'un célèbre poëte anglais, Pope, éprouvait de vives angoisses à l'idée de la critique, dont il traça les règles et les écarts dans un poëme estimé. Le grand Montesquieu s'affectait tellement des critiques, justes ou déraisonnables, qu'elles abrégèrent ses jours. Mais, pour rentrer dans le cercle de notre science, nous aurions trop à faire si nous voulions énumérer tous les médecins illustres dont la critique troubla le repos ; si nous voulions exhumer les lamentations de Harvey, le plus grand nom de la physiologie ; de Sydenham, Frédéric Hoffmann, Zimmermann, Dehaen, Ramazzini, Lyster, Dower, Bordeu, Tronchin, ces deux vertueuses victimes de l'odieux Bouvart ; Baudelocque, persécuté par Sacombe, etc.; et, sans sortir de notre époque, de combien d'amertume furent abreuvés les derniers jours du vénérable Pinel et de l'illustre Broussais lui-même, etc. C'est que, selon l'expression du poëte : « L'envie est l'ombre de la gloire. »

Certes, ce sont là de tristes résultats, et pourtant ces malheurs s'effacent devant l'immense et sublime intérêt de la vérité. L'imperfection est le fait du génie lui-même :

« *Non omnia possumus omnes.* »
Virgile (*Églog.* 8).

« Le plus vaste génie est toujours limité. »
Pope (*Ess. sur la critique*).

Il n'est d'œuvre si parfaite qui n'ait ses défauts, et même, au dire de l'auteur du *Traité du Sublime* : « Une grandeur au-dessus de l'ordinaire n'a point ordinairement la pureté du médiocre » (Longin)

Un grand homme, quel qu'il soit, est donc passible de la critique, et s'il est vrai que nous devions des respects à tout ce qui est grand et vénérable, prétendre qu'un auteur éminent doit être affranchi de la loi générale, ce serait sacrifier la grande morale à la petite, selon l'heureuse expression de Mirabeau; d'autant mieux que les grands hommes eux-mêmes y trouvent définitivement leur profit, car la critique fait sur le talent le même effet que le feu sur l'or : elle l'épure. « Avoir trop d'égard aux personnes, est une faiblesse criminelle ; un homme de ce caractère transgressera la loi et vendra la justice pour une bouchée de pain » (Salomon).

« Préférez la justice à la civilité. »
Pope (*Ess. sur la critique*, ch. IV).

« *Amicus Plato, sed magis amica veritas.* »

Étant reconnue la nécessité de la critique pour tous, établissons quelques règles sur la manière dont elle doit s'exercer.

La première est de bien choisir son adversaire, et le premier précepte à cet égard est de maintenir la dignité de la critique en ne la faisant jamais descendre à des hommes et à des sujets dénués d'importance ; car, on ne doit pas s'y méprendre, la critique est un instrument de célébrité, et bien des gens se trouvent heureux et honorés de voir qu'on les compte pour quelque chose. « Si je m'avise jamais de faire un livre, a dit Guy-Patin, je prierai la Sorbonne de le condamner ; au moins si le livre ne vaut rien par lui-même, la condamnation le fera valoir. »

Molière, Boileau, Voltaire ont immortalisé bien des noms qui, sans eux, fussent tombés dans l'oubli ; et il ne manque pas d'exemples contemporains où la condescendance de graves personnages a donné de l'importance à des gens de rien. Voici une série d'aphorismes qui confirment le précepte dont il s'agit :

« *Ne cum indigno contendamus* » (Salomon, *Proverbes*).

« *Vir sapiens, si cum stulto contenderit, non inveniet requiem* » (*id. ibid*).

« Sur de vils écrivains le mieux est de se taire. »
Pope (*Ess. sur la critique*).

« C'est savoir fort mal ménager sa réputation que de s'engager dans une entreprise où un échec est plus honteux que le succès n'est glorieux » (Bacon, *Ess. de morale*).

Alexandre-le-Grand excellait dans les exercices du corps ; quelqu'un lui proposant d'aller disputer le prix de la course aux jeux olympiques, « oui, répondit-il, si je devais avoir des rois pour antagonistes. »

Le mépris est la vengeance la plus complète qu'on puisse tirer des critiques de bas étage : Montesquieu ayant à se plaindre du père Tournemine, s'en vengea cruellement en feignant de ne pas le connaître « qui est-ce que le père Tournemine? » disait-il à ceux qui lui en parlaient.

Voltaire raconte que Pope se vengea d'une manière plus piquante encore : il eut pendant un temps la faiblesse de répondre à ses critiques. « Cela grossit la nuée des libelles. Enfin, il prit le parti de faire imprimer lui-même un petit abrégé de toutes ces belles pièces. Ce fut un coup mortel pour les critiques. On cessa de les lire, et on s'en tint à l'abrégé » (Voltaire, *Des mensonges imprimés*).

On sera frappé de l'observation suivante, faite par une femme de génie : « Les caractères irritables, et tous les hommes à talent le sont, éprouvent presque toujours le besoin d'attaquer le plus fort; c'est à cela qu'on peut reconnaître l'impulsion naturelle du sang et de la verve » (Mme de Stael, *Consid. sur la révolution française*, t. I, p. 47).

Pour ce qui me concerne, lancé depuis quinze ans dans le tourbillon de la littérature médicale, j'ai toujours dédaigné de répondre aux critiques infimes ou insultantes. Lorsque des adversaires obscurs m'ont attaqué au nom de leurs maîtres, ou que les maîtres eux-mêmes ont bien voulu me prendre à partie, c'est aux maîtres que j'ai répondu.

C'est en conséquence de ces principes que vous voyez très-rarement les hommes haut placés dans la hiérarchie scientifique descendre dans l'arène de la polémique.

L'illustre Pinel, si maltraité par la doctrine physiologique, avait coutume de dire : « Si la critique est juste, je dois la subir; si elle est erronée, la raison publique me justifiera. Dans l'un et l'autre cas, je dois me taire. » C'est que l'homme éminent est suffisamment protégé par sa réputation.

Si l'adversaire qui se présente est digne de vous, c'est à vous de juger s'il vous sera plus avantageux de parler que de garder le silence : dans la plupart des cas ce dernier parti sera le plus sage ; car le plus sûr moyen de propager la critique est de la relever. « Souvent, lorsqu'on a le courage de mépriser les propos injurieux, ils tombent d'eux-mêmes, et toutes les peines qu'on se donne pour les faire cesser, ne servent qu'à les rendre plus durables » (BACON, *Essais de morale*). La plupart des gens prompts à se défendre ont eu à s'en repentir.

Cependant, s'il n'y a pas trop à risquer, c'est une douce satisfaction que de rendre à la malice les coups qu'on en a reçus : « Il est bon d'avoir l'esprit bien fait, a dit MONTESQUIEU, mais il ne faut pas être la dupe de l'esprit des autres » (*Lettres famil.*, p. 210). Ceci doit s'entendre de la défense, et quant à l'agression : « Si un homme satirique fait craindre aux autres son esprit, il doit, à son tour, craindre leur mémoire » (BACON, *Ess. de morale*). Cette sentence est toute politique, et ne fait pas seulement allusion aux hommes puissants que vous pourriez offenser ; car il est bon de se dire avec GUY-PATIN : « J'ai des égards pour tout le monde, car les petits deviennent grands. »

« *Si malè dixeris, pejus audies.* »
ÉRASME (*Colloq.*).

Il y a donc imprudence et lâcheté tout à la fois à encourir l'application de ce vers satirique :

« *Dat veniam corvis vexat censura columbas.* »
JUVÉNAL (*Satir.* 2).

Puis sachez bien à qui vous allez vous adresser : « Si vous tenez à votre réputation, a dit PLATON, gardez-vous d'offenser les poëtes. » Pensée reproduite en ces termes par notre LABRUYÈRE : « J'éviterai avec soin d'offenser personne, si je suis équitable ; mais sur toute chose un homme d'esprit, si j'aime le moins du monde mes intérêts » (Caractères).

Le parti une fois pris d'engager la lutte, tâchons de conserver l'attitude de la modération et le ton de bienséance :

« *Asperitas odium sæva que bella movet.* »
OVIDE (*De arte amand.*, 2).

« Le bon esprit vaut mieux que le bel esprit » (MONTESQUIEU, *Lettres famil.*, p. 246).

« La moquerie est de toutes les injures celle qui se pardonne le moins ; elle est le langage du mépris et l'une des manières dont il se fait le mieux entendre » (LABRUYÈRE).

« Ceux qui ont recours à l'invective montrent qu'ils ont peu d'esprit ; l'auteur qui ne répond pas fait voir qu'il en a beaucoup » (*Esprit de* GUY-PATIN).

Rappelez-vous, enfin, que « on ne peut satisfaire son mauvais caractère qu'aux dépens de son bonheur » (Mme NECKER).

A Dieu ne plaise pourtant qu'on nous suppose l'intention de faire le panégyrique de cette lâche et coupable obséquiosité, décorée, dans un monde corrompu, du beau nom de bienveillance. Le mensonge érigé en vertu par la bonne compagnie, n'en est pas moins le plus hideux des vices, et, comme l'a dit SYDENHAM : « C'est presque aussi mal fait de louer des personnes indignes que de blâmer des innocents » (*Lettre à* G. COLE, p. 390). La vérité quand même est le premier devoir du critique ; le respect humain n'est que le second.

Néanmoins l'éloge mérité est pour la critique un devoir

non moins impérieux que le blâme justifié : « Une partie considérable du devoir d'un critique est de rendre justice au mérite. Un critique qui ne lit que pour chercher les occasions de censurer ressemble à un juge qui prendrait la résolution de condamner à la potence tous ceux qui paraîtraient devant son tribunal » (Swift, *Conte du Tonneau*). Ce devoir est pourtant méconnu par la plupart des hommes préposés à cette sainte magistrature : « Quoiqu'un savant soit persuadé de la bonté d'un livre, il arrive très-souvent qu'il le critique ; il cherche des défauts dans les endroits qui lui paraissent les moins beaux, et il tâche de diminuer la bonté de ceux qui sont au-dessus de la plus sévère critique. Il n'aime pas celui qui les a écrits, c'en est assez pour les condamner. Ce ne sont pas les seuls auteurs médiocres qui sont sujets à de pareilles faiblesses, les plus grands hommes sont tombés dans ces égarements » (D'Argens, *Philos. du bon sens*, t. I, p. 160).

« Critiquer, selon eux, c'est ne pardonner rien,
« Grossir toujours le mal et déguiser le bien. »
Pope (*Ess. sur la critique*, ch. I).

Or, s'attacher par préférence aux écarts du génie, n'est bien souvent que vice du cœur ou disette d'esprit.

« De ce qu'un grand homme n'admire pas tout, il ne s'ensuit pas que celui qui n'admire rien soit un grand homme » (Barthélemy, *Voy. d'Anarch.*, t. II, p. 445).

C'est que pour la plupart des écrivains obscurs, « il est naturel de haïr ceux dont l'élévation semble nous reprocher notre abaissement » (Bacon, *Accroiss.*, liv. VI, ch. 5). Et dans toutes les positions l'envie est une passion inhérente à l'esprit humain, dont il faut une sublime vertu pour se dépouiller. On peut dire de la plupart des savants ce que Voltaire disait du docteur Andry : « Il aurait, s'il l'avait pu, anéanti la circulation du sang, parce qu'un autre l'avait découverte » (*L'homme aux quarante écus*).

C'est là surtout l'histoire de ce qu'on appelle les *spécialités*, et c'est un déplorable usage adopté par les directeurs de journaux que de confier à des hommes dits *spéciaux* l'examen des ouvrages relatifs à leurs études favorites. Le sens commun, en effet, proclame l'impossibilité d'obtenir un jugement impartial de MM. C., L., S. en matière de lithotritie, de MM. G., B., M. en matière d'orthopédie, de MM. C., B., F. en matière de fièvres graves, etc., lorsqu'il s'agira pour tous ces messieurs de s'apprécier les uns les autres. « Vous êtes orfèvre, M. Josse, » est une vérité bannale que MOLIÈRE a puisée dans les intimes replis du cœur humain. C'est déjà trop de l'*invidia medicorum pessima*, comme élément général de partialité, sans y ajouter la circonstance aggravante de la spécialité.

Il est des sujets malheureux si souvent ressassés, qu'il semble qu'à leur égard la matière soit épuisée : « Les hommes sont portés à juger défavorablement de tout ouvrage qui paraît sur un sujet sur lequel ils croient qu'on a tout dit ; ils commencent par la prévention, ils finissent par l'injustice » (DESBOIS DE ROCHEFORT, *Mat. méd. introd.*). Telles sont la pneumonie, la phthisie, la fièvre typhoïde, etc. Aussi MM. les critiques se dispensent-ils, en général, de lire les traités sur ces maladies ; ils en lisent le titre, parcourent la *table des matières*, et c'est assez : leur siége est fait. Aussi combien de jugements téméraires et faux, parce qu'ils sont légers, ne surgissent-ils pas de cette méthode expéditive ? Un auteur consciencieux consacre de nombreuses années à mûrir un travail volumineux où il croit avoir semé quelques aperçus nouveaux ! Sa semence est perdue si elle n'est pas comprise dans le *titre* ou dans la *table*, et son œuvre subira le lit de Procuste des idées familières à MM. les critiques : il s'agit d'une inflammation ? donc l'auteur est partisan des *saignées à outrance*. On rencontre par ci par là des chiffres alignés ? donc l'auteur appartient à la secte des *numéristes*, secte acéphale, qui ne raisonne pas ; car l'arithmétique exclut de nécessité le sens commun !

« Et voilà justement comme on écrit l'histoire. »

La plupart des critiques de bon ton sont dans l'usage de faire de l'esprit sur l'auteur et sur l'ouvrage, peu soucieux de traduire l'esprit de l'auteur et de l'ouvrage, si bien qu'on est tout étonné d'arriver à la fin de leurs *analyses* sans savoir encore ce dont il s'agit.

D'autres critiques, d'un ordre plus relevé ou du moins plus profonds, trouvent piquant de refaire le livre à leur manière, et de broder sur ce nouveau canevas. Ainsi faisait Voltaire, au dire de Montesquieu. « Il a, disait-il, trop d'esprit pour m'entendre ; tous les livres qu'il lit il les fait, après quoi il approuve ou critique ce qu'il a fait » (*Lettres famil.*, p 225). L'exemple est glorieux, assurément, mais d'abord il n'est donné à personne de s'élever à la hauteur de l'aigle de Ferney, puis cela ne remplit pas précisément les vœux légitimes d'un auteur :

« Et le moindre grain de mil
« Ferait bien mieux mon affaire. »
(Lafontaine.)

Pour la plupart, c'est un parti pris de ne traiter favorablement (mais aussi très-favorablement) que ceux de leur école, de leur journal, de leur coterie. Ce sont ceux-là qu'on a désignés, dans ces derniers temps, sous le nom de

Société d'admiration mutuelle, ils ont pris pour devise celle si connue des *Femmes savantes :*

« Nul n'aura de l'esprit hors nous et nos amis. »
(Molière.)

C'est d'abord la province tout entière qui est immolée à cet édifiant système continental, sauf ensuite à faire un choix, une épuration, parmi les illustres de la capitale.

Les préjugés d'école rentrent dans ceux de localité et n'exercent pas moins d'empire : ainsi l'école de Montpellier qui prétend être celle de Cos : « *Hippocrates olim Coüs, nunc Monspeliensis* », l'école de Montpellier n'a pas assez de sarcasme et de fiel à distiller sur celle de Paris, qui ne s'en émeut pas plus que d'une ombre.

Ce qui est vrai des diverses localités, doit l'être à plus forte raison des diverses nations : il est des gens qui n'estiment que ce qui nous vient de l'étranger, des gens pour lesquels il est vrai de dire : *Nul n'est prophète dans son pays ;* nous connaissons quantité de médecins, français de nation, qui sont allemands, anglais ou italiens d'esprit et de cœur, et réciproquement ; ces malheureux préjugés de pavillon ou de clocher leur font oublier qu'aussi bien que l'homme lui-même le génie est cosmopolite.

Ce que nous venons de dire des nations, s'applique également à cette vieille querelle de la prééminence des anciens et des modernes les uns sur les autres : tel critique vous soutiendra sérieusement qu'Hippocrate est la plus haute expression de la science moderne, et pour vilipender Broussais, tel autre ne trouvera rien de mieux que de citer à tort et à travers Sydenham, Stoll, Baglivi, etc. L'utilité de l'histoire est incontestable ; elle est le point de départ indispensable de tout solide progrès ; sans elle l'ex-

périence du passé est entièrement perdue : « Tenez-vous
« d'abord sur les voies antiques ; puis, considérez quel est
« le chemin le plus droit et le meilleur, et suivez-le », dit
Bacon après le prophète Jérémie (*Accroiss.*, liv. 4). « Il
« faut faire l'inventaire des richesses humaines, afin que
« ceux qui se disposent à faire de nouvelles découvertes,
« ne s'épuisent pas à réinventer ce qui est déjà connu et
« existant » (*id. ibid.*, liv. 5). « Bien des choses nouvelles,
« quant à la manière dont elles arrivent et à leurs circons-
« tances, n'ont pourtant, quant à leur genre, rien de nou-
« veau » (*id. ibid.*, liv. 4). « Il n'est rien de nouveau sous
« le soleil ; toute prétendue nouveauté n'est qu'une chose
« qui ait été oubliée », a dit Salomon (*Proverbes*), et Platon
a répété : « Toute science n'est que réminiscence. »

Le silence affecté par certains auteurs à l'égard de l'antiquité, est flétri par les autorités les plus graves : « Celui
« qui se vante d'avoir trouvé des choses inventées et répu-
« diées depuis longtemps, en se trompant lui-même trompe
« aussi les autres », a dit Hippocrate (*De prisc. medic.*).

« Venir en son propre nom, sans aucun égard pour l'an-
« tiquité, est de mauvais augure pour la découverte de la
« vérité, quoique cette marche soit le plus souvent accom-
« pagnée de succès » (Bacon, *Accroiss.*, liv. 5). Ainsi fit,
au dire de ce même Bacon, un grand génie, qui, pendant deux mille ans, a régenté les écoles : Aristote, que
Lucain appelle *un heureux voleur de science* (*Felix doc-
trinæ prædo*) (*Pharsale*, chant X, vers. 20). Ce n'est qu'auprès des ignorants en histoire que réussissent ces plagiaires
au petit pied dont parle encore Bacon : « Pour obtenir parmi
nous le titre d'inventeur, dit-il, c'est assez de décorer les
choses inventées depuis longtemps d'un nom nouveau, de
leur donner une forme plus élégante et un certain tour, ou

encore d'en faire une application plus commode aux usages de la vie, ou même de les exécuter dans des dimensions extraordinaires, soit plus grandes, soit plus petites » (*Nov. organ.*, aph. 88).

« Respectez donc les sentences des anciens, car elles n'ont pas été dites sans motif », dit un livre saint qui est aussi un excellent livre de philosophie (*Imitat. de J.-C.*); autrement on pourra vous dire comme jadis ce prêtre égyptien aux Grecs : « Vous n'avez ni l'antiquité de la science, ni la science de l'antiquité. »

Mais ce légitime respect pour les anciens a cependant des bornes. Un des philosophes les plus spirituels du siècle dernier, Fontenelle, a dit avec finesse : « Exalter les anciens aux dépens des modernes, est un moyen assuré de faire éclater son érudition. Les louanges qu'on donne aux célèbres auteurs de l'antiquité font supposer qu'on les entend parfaitement. D'autres, plus jaloux de la réputation de bel-esprit que de celle de savant, croiraient faire tort à leur propre gloire, s'ils accordaient aux anciens quelque supériorité sur les modernes » (*Digres. sur les anc. et les modernes*). Faisant abstraction de cette politique charlatanesque fort en vogue aujourd'hui, « rendons aux grands maîtres l'éloge qui leur est dû, mais sans déroger à ce qui est dû aussi au père de toute vérité, au temps » (Bacon, *Accroiss.*, liv. 1). D'autres causes encore entretiennent cette banale admiration pour les anciens : c'est notamment la paresse d'esprit : « La voie de prescription épargne toutes les fatigues de l'examen ; car on se dispense des discussions à l'égard même du point de fait, sur l'antiquité et l'étendue présupposée ; on s'en rapporte pleinement à la voix publique » (Bayle, *Pensées sur les comètes*). Fréd. Hoffmann est évidemment tombé dans l'exagération, lorsqu'il a dit :

« Puisqu'il y a deux fondements à la médecine, l'observation exacte et la connaissance de la mécanique du corps, il s'ensuit que les anciens, qui n'ont pas bâti sur ces fondements, n'ont rien donné de solide dans notre art » (*Méd. raison.*, t. III; *De la vraie pathol.*, p. 24). A ce compte, il faudrait, à chaque siècle, faire table rase de la science passée. Sans donner dans ces écarts, il est très-vrai de dire, avec ZIMMERMANN : « L'homme a encore aujourd'hui le droit de dire aux anciens qu'ils se sont trompés, comme HIPPOCRATE l'avait dit à ses ancêtres » (*De l'expér.*, t. I, p. 106). C'est qu'en effet, ainsi que BACON l'a fait remarquer avec sagacité : « L'antiquité des temps est la jeunesse du monde, et à proprement parler, c'est notre temps qui est l'antiquité, le monde étant plus vieux aujourd'hui qu'autrefois » (*Accroiss.*, liv. 1).

« C'est à la vieillesse du monde qu'il faut attacher le nom d'antiquité; or, la vieillesse du monde, c'est le temps même où nous vivons et non celui où vivaient les anciens, qui était sa jeunesse », dit ailleurs le même philosophe, tant il tient à cette heureuse idée (*Nov. organ.*, aph. 84).

Idée heureuse en effet, et si vraie, dans sa forme paradoxale, que d'autres s'en sont emparés sans la rendre à son auteur : tel est FONTENELLE, dont nous parlions à l'instant, tel est aussi RAMMAZZINI, qui, dans un intéressant discours sur la *nécessité de l'étude des anciens et des modernes*, reproduit ainsi la pensée de BACON : « C'est par un vice de langage que nous donnons le nom d'antiquité aux premiers âges du monde, tandis qu'en réalité c'est notre temps qu'on devrait appeler antique, puisque le monde vieillit de jour en jour » (p. 84). Ainsi se trouvent réduits à leur juste valeur les prétentions pédantesques de ceux qui prétendent nous ramener, par exemple, à l'hippocratisme pur, à l'empirisme ou à l'humorisme grossier des anciens, etc. Il est certain que pour marcher lentement, la science n'en avance pas moins, et qu'Hippocrate revenant parmi nous, ferait certainement son profit des conquêtes modernes, par exemple de l'auscultation et des remèdes salutaires que nous ont acquis l'histoire naturelle et la chimie de nos jours. Du reste, comme l'a fait encore observer l'inépuisable sagesse de Bacon : « Cette haute réputation et cette autorité dont jouissent les productions des anciens, il faut en partie l'imputer à la vanité et au peu de consistance de ceux d'entre les modernes qui ont proposé quelques nouveautés, car il n'a paru que trop de charlatans et de songe-creux » (*Nov. organ.*, aph. 87).

« Une des causes d'erreurs dans les sciences, dit-il encore ailleurs, est un certain engouement pour ces deux extrêmes, l'antiquité et la nouveauté » (*Accroiss.*, liv. 1). Labruyère a reproduit la même pensée.

« Il est des esprits qui s'extasient devant l'antiquité, dit le philosophe anglais, d'autres sont amoureux de leur siècle et embrassent toutes les nouveautés; il en est peu qui soient de tempérament à tenir le juste milieu entre ces deux extrêmes » (*Nov. organ.*, aph. 56). « C'est, ajoute-t-il, plutôt prendre parti pour les anciens ou les modernes, que les juger » (*ibid.*).

Disons donc, avec Ramazzini : « L'homme de l'art doit connaître également les anciens et les modernes et s'affranchir de toute secte » (*loc. cit.*, p. 84); le critique doit donc adopter la devise de Baglivi : « *Ego liberam medicinam profiteor, nec ab antiquis sum, nec à novis, utrosque, ubi veritatem colant, sequor.* »

Il est un préjugé que les critiques vulgaires partagent

avec le vulgaire ignorant : c'est qu'un auteur ne peut être à la fois un bon praticien et un savant distingué. Pour eux l'esprit exclut la raison et quiconque brille par la forme est nécessairement dépourvu de fond. « Les esprits bornés ne peuvent comprendre cette universalité de talents que l'on remarque quelquefois dans un même sujet : où ils voient l'agréable ils en excluent le solide » (Labruyère). Le lourd et l'obscur sont pour eux les enseignes du génie. Certes, la vérité se cache souvent dans les nuages, et pour se montrer sans ornements elle n'en est pas moins digne de notre culte, et pourtant c'est la parure qui la fait valoir, c'est la clarté qui la fait connaître, et ainsi que nous l'avons dit ailleurs : « Ce qui est mal dit passe aisément pour mal pensé » (Crévier), « et il n'y a que les livres bien écrits qui passent à la postérité » (Buffon). Enfin, il est vrai de dire avec un philosophe sérieux sous des formes légères : « Il en est de certains auteurs profonds comme d'un puits dont le fond ne contient que de la boue, et qui paraît très-profond, parce qu'il est très-obscur » (Swift, *Pensées morales*). Rappellerons-nous cette sentence classique et banale :

« Ce que l'on conçoit bien s'énonce clairement ? »
(Boileau).

Il faut bien se persuader aussi que : « la source la plus commune des erreurs et des inepties trop ordinaires dans la médecine est, que, négligeant la simple observation, les médecins ne s'attachent qu'à découvrir des choses cachées et sublimes » (Sauvages, *Nosol.*, t. I, p. 6).

En médecine comme en toute autre science la critique ne peut porter que sur deux objets essentiels : les faits et les idées, l'expérience et la doctrine. Il est encore aujourd'hui des gens qui s'imaginent que les faits sont nécessairement en dehors de la discussion : « Rien n'est brutal comme un fait, » dit-on journellement. « Rien de méprisable comme un fait, » répondent les sceptiques : et tout le monde a raison.

« A la vérité, il est un peu rude et querelleux de nier tout sec une proposition de fait. Peu de gens faillent, notamment aux choses mal aisées à persuader, d'affirmer qu'ils l'ont vu ; ou d'alléguer les témoins desquels l'authorité arreste nostre contradiction » (MONTAIGNE, *Ess.*, liv. III, ch. 11). Et pourtant combien de gens prétendent avoir vu sans se demander et sans qu'on leur demande s'ils étaient en état de voir ? Avant de se demander comme une chose se fait, il est indispensable de s'assurer qu'elle existe, sous peine de renouveler sans cesse la mystification de la dent d'or. Oui : « les faits par leur nature peuvent être matière à dispute » (MONTESQUIEU, *Lettres fam.*, p. 275). Et d'ailleurs, ce sont moins les faits qui sont contestés que les interprétations qu'on voudrait leur donner. Exemple : un individu soi-disant plongé dans le sommeil magnétique, lit avec un masque épais sur les yeux ou désigne l'heure d'une montre placée à l'occiput. *Voilà des faits*, disent les adeptes, et ils en concluent que le somnambule y voit à travers son masque et même par l'occiput. Tout beau, Messieurs, oui votre sujet a lu, il a désigné l'heure ; mais est-ce bien au travers du masque ? ce masque est-il bien imperméable ? la vision s'est-elle opérée par la nuque ? Les escamoteurs ne sont pas sorciers, et pourtant ils fascinent les yeux et confondent l'intelligence des plus clairvoyants. Entre les sens qui disent oui et le sens commun qui dit non, le litige est au moins douteux. Or, « lorsqu'on voit deux opinions qui n'ont toutes les deux aucune marque évidente de la vérité, on doit choisir celle qui paraît la plus simple et la moins chargée de difficultés » (MALLEBRANCHE, *Recherche de la vérité*) , c'est-à-dire celle qui est le plus conforme aux lois générales de la nature; car, « entre des hommes qui diront *telle chose est*, et la nature qui dira *telle chose n'est pas*, c'est la nature qu'il faudra croire » (D'AGUESSEAU).

Ce que nous venons de dire d'un fait isolé, se doit dire aussi de l'ensemble des faits qui constituent ce qu'on appelle l'*expérience*, l'*observation*, la *pratique*, mots magiques dont on leurre journellement la crédulité du vulgaire. « Que si dans ses traités il est souvent question de l'expérience, a dit BACON en parlant d'ARISTOTE, il ne faut pas s'en laisser imposer par le petit nombre de faits qu'on y trouve; *ses opinions étaient fixées d'avance* » (*Nov. organ.*, aphor. 65). « Le commerce des hommes, dit SYDENHAM, m'apprend chaque jour combien les plus grands génies sont sujets à se tromper » (*Méd. prat.*, p. 568).

Quant aux idées et aux doctrines, il est trop vrai de dire qu'à cet égard chacun voit à travers son optique, surtout aujourd'hui où l'on tient à honneur de répudier toute idée de généralisation ; où le mot système est frappé de réprobation comme le mot philosophie, où l'on peut dire comme LYSTER , il y a deux siècles : « Tant de dissidences règnent dans nos avis quotidiens qu'il semblerait que jamais il n'ait existé de doctrine médicale. Chacun s'érige en autorité absolue et jamais nous ne tombons d'accord sur un principe général [1] » (*De morb. chronic.*, p. 4).

Rarement les critiques songent à se conformer à ce sage principe de DESCARTES : « Pour savoir quelles étaient vé-

---

[1] *In quotidianis consiliis nostris tanta discordia est, quasi doctrina omnis medica de lauâ caprinâ aut de lacte gallinaceo esset; scilicet de rebus nusquàm existentibus, adeò singuli videmur autodidacti, et minimè in doctrinam aliquam communem consentimus.*

ritablement les opinions des hommes, je devais plutôt prendre garde à ce qu'ils pratiquaient qu'à ce qu'ils disaient, non-seulement à cause qu'en la corruption de nos mœurs il y a peu de gens qui veuillent dire tout ce qu'ils croient, mais aussi à cause que plusieurs l'ignorent eux-mêmes » (*Disc. de la méthod.*, 5ᵉ part.). En effet, « il est de la sagesse de bien connaître le caractère, la profession et surtout les intérêts d'un auteur pour faire le discernement de ce qu'on peut attribuer à ces différentes causes de préjugés.... qui leur font souvent penser aujourd'hui de très-bonne foi le contraire de ce qu'ils pensaient hier » (Duresnel, traduction de Pope).

Ces préceptes sont puisés dans une profonde notion des procédés de l'esprit humain. Il est en littérature médicale très-peu de faits qui ne soient plus ou moins altérés, très-peu d'opinions qui ne soient plus ou moins exagérées, et sous ce rapport il est vrai de dire avec le psalmiste : *Omnis homo mendax.* Nous faisons abstraction de ces écrivains mercenaires qui mentent à bon escient, par amour du lucre, par vanité, par charlatanisme en un mot, et nous nous en tenons aux écrivains consciencieux, éclairés, honorés à bon droit de l'estime publique ; nous disons que même ceux-ci ne restent pas toujours fidèles à la vérité pure. Soit qu'ils aient à soutenir des opinions déjà controversées, soit qu'ils veuillent introduire des idées nouvelles, toujours un peu d'exagération vient se mêler à l'expression de leur pensée. « Je m'aperçoy aux propos que j'ai en main, qu'estant eschauffé ou par la résistance d'un autre ou par la propre chaleur de ma narration, je grossis ou enfle mon sujet » (Montaigne, *Ess.*, liv. III, ch. 11). De cette tendance résulte encore la vérité de cette autre observation : « Dans les dissensions (scientifiques) les hommes finissent toujours par prendre les opinions dont on les accuse » (Mme DE STAEL, *Révol. française*, t. II, p. 165). C'est ainsi que le plus véridique se trouve entraîné hors de sa sphère et devient dans la polémique autre que ce qu'il est en réalité. S'agit-il de l'émission d'un sujet nouveau, l'auteur en exagère instinctivement la valeur et les proportions dans le but de mieux convaincre, et se place, à son propre insu, dans des conditions analogues à celles des anciens philosophes dont CICÉRON a dit : « Si ces maîtres semblent avoir reculé les limites de nos devoirs plus loin que la nature humaine ne le comporte, c'est afin que, par nos efforts, nous pussions du moins nous élever au degré convenable » (*Pro murenâ*, c. XXXI). En un mot, on demande beaucoup pour obtenir quelque chose, persuadé qu'on est que la vérité, ainsi qu'on l'a dit, est un coin qu'il faut faire entrer par le gros bout, et qu'il faut frapper fort pour frapper juste. Or, c'est au critique de faire la part de ces exagérations innocentes ou dirigées dans un but louable, et d'en appeler quelquefois du systématisateur inspiré au froid et sévère praticien. L'étude des grands écrivains de l'antiquité, exécutée au point de vue de ce contrôle mutuel, offre une source de précieux enseignements et de jouissances ineffables : ainsi considérés alternativement et comparativement comme observateurs et comme théoriciens, les oracles de la science, tels qu'HIPPOCRATE, SYDENHAM, STOLL, etc, apparaissent tout autres qu'on se les figure habituellement sur le simple énoncé de leurs doctrines.

Observer les préceptes, éviter les écueils que nous avons signalés dans ces courtes réflexions suffira pour faire sentir ce qu'il y a de délicat et de sacré dans le mandat du critique. Nous croyons d'ailleurs qu'il n'est pas possible de formuler cet art en règles de détails qui soient d'application universelle; car le fond et la forme devront varier selon les mille variétés du sujet à critiquer et les mille nuances d'esprit, de caractère et de talent de celui qui assume les obligations du censeur. Néanmoins les devoirs de celui-ci, déjà résumés dans les deux injonctions qui constituent notre épigraphe, seront à peu près complétés par ces deux mots : *science* et *conscience*.

Tout en exigeant tant et de si nobles qualités de la part du critique, nous ne prétendons pas pourtant qu'il doive être lui-même un parfait modèle comme auteur original. Le talent de bien juger peut être séparé de celui d'exécuter, témoins : Chapelain, Fréron, Trublet, d'Aubignac et tant d'autres dont les noms, malheureusement connus en littérature, appartiennent pourtant à des critiques distingués. Sans sortir de notre science, combien d'habiles écrivains, jeunes encore ou auxquels l'occasion a manqué de produire des œuvres substantielles, tiennent aujourd'hui même, dans nos journaux, la plume de la critique! Si donc on croyait pouvoir nous reprocher à nous-même d'avoir souvent manqué aux règles que nous avons tracées, nous nous retrancherions derrière cette incontestable vérité, « que pour juger un tableau, pas n'est besoin d'être un Appelles; » et nous articulerions volontiers cet humble aveu d'un poëte :

«*Monitis sum minor ipse meis.*»
(Ovide, *Ars amand.*, ch. II, v. 548.)

RÉSUMÉ

DU

COURS DE PHILOSOPHIE MÉDICALE.

> « Le sublime de la philosophie est de nous ramener au bon sens » (Cabanis).

Appelé à formuler dans un cours régulier ces dogmes dont si longtemps nous avions fait l'application journalière au lit du malade, j'ai moins vu dans ce nouvel enseignement un mandat onéreux qu'une heureuse occasion de développer enfin, dans une méthodique évolution, ces principes généraux, ces théorèmes, dont l'ensemble coordonné constitue la science. Vous aviez pu sans doute saisir, interpréter quelques-uns de ces principes, à mesure qu'ils jaillissaient fortuitement de nos improvisations cliniques; mais il vous eût été difficile de les relier entre eux, de les ériger en corps de doctrine, travail que je me félicite d'avoir pu vous épargner, dans mon intérêt comme dans le vôtre; car un système scientifique ne peut, en général, être bien compris que dans un tableau d'ensemble. Pour certaines doctrines, le morcellement c'est la mort; ce que la malveillance comprend à merveille.

Nous sommes entré en matière par l'exposé des règles qui doivent diriger la *critique* appliquée à la médecine, par l'analyse des sentiments dont elle doit s'inspirer; car nous pressentions dès lors que nous aurions à user largement du droit d'examen, à une époque où les fragments de la science mutilée gisent abandonnés comme les débris d'un antique et vaste édifice que chacun foule aux pieds et que personne ne songe à relever, tant le désordre est grand, tant le travail est immense [1].

Et pourtant l'ordre et les principes sont en toute chose un élément de vie, une source de fécondité, un fil régulateur, sans lequel à chaque instant la raison trébuche et se fourvoie.

PREMIÈRE PARTIE.

ANALYSE ÉLÉMENTAIRE DE LA MALADIE.

Et dès l'abord nous avons dû définir la *médecine*, qui n'est pas seulement l'art de guérir et de soulager, mais encore et surtout celui de prévenir les maladies. Dans leurs préventions trop souvent légitimes contre ses ministres, certains sceptiques ont cru pouvoir nier la médecine elle-même. Or, nous en avons prouvé la *réalité* en paraphrasant ce simple argument hippocratique : « Il est des agents salutaires, il en est qui sont nuisibles à la santé, donc la médecine existe. » Il y a quelques années que dans un travail particulier nous avons développé cette thèse [2], ce que nous rappelons à ceux qui pourraient nous accuser de nier la science elle-même, sous prétexte que nous refusons de croire au mysticisme et à l'infaillibilité de certaines drogues

---

[1] Voir nos *Lettres sur la thérapeutique* (lettres deuxième et troisième qui retracent l'histoire de la révolution médicale actuelle). *Gazette des hôpitaux*, 1843.

[2] Voir notre dissertation *De la réalité de la médecine et de ses dogmes fondamentaux*, et celle *Sur les causes de la diversité des opinions en médecine*, in-8°; 1838 et 1839.

très-honorées de nos jours. Nous croyons donc à la bonne médecine ; nous croyons même à la mauvaise, pour avoir été trop souvent témoin de ses méfaits, et nous répéterons ici : « Le manque de foi dans un praticien est plus que de la légèreté ; c'est la plus criminelle des impostures. » Que serait-ce donc chez un professeur ? Ce que serait l'athéisme chez un prêtre.

Nous aurions cru dérisoire de rechercher si la médecine est une *science* ou simplement un *art* : le bon sens répond qu'elle est l'un et l'autre, puisqu'elle a ses dogmes inspirateurs et ses procédés d'application. Ce sont ces dogmes que nous avons tâché d'établir, précisément pour nous servir de guide en application. Et d'abord nous avons pris le ferme propos de n'asseoir les principes que sur des faits matériels et patents, tels que les altérations d'organes et les troubles des fonctions. Ainsi déjà se trouve formulée la *médecine positive* qu'ailleurs nous avons définie : « La doctrine des sens et du bon sens »[1]. Le positivisme, avons-nous dit, *c'est ce qui est ;* rien autre chose.

En tenant compte des troubles des fonctions aussi bien que des lésions d'organes, nous posons les bases rudimentaires de cette doctrine *des éléments* à l'aide de laquelle nous sommes parvenu à élucider tant de problèmes obscurs. Dans l'esprit de cette doctrine, la maladie n'est plus un être abstrait et concret tout à la fois, un fait indissoluble, immuable : mais bien un phénomène complexe, un ensemble variable et mobile d'éléments ou d'états organiques. Au point de vue thérapeutique, cette doctrine tient compte, à titre d'éléments, de *tout ce qui peut impliquer une indication thérapeutique ;* mais il est bien entendu que parmi ces éléments divers il en est de principaux, il

---

[1] Voir nos *Prodromes de médecine positive*, in-8°; 1841.

en est d'accessoires, formant comme une phalange disciplinée, où chaque individu, tout en faisant acte de puissance individuelle, subit néanmoins l'autorité de la hiérarchie[1].

Le positivisme et l'analyse élémentaire : tel est le double pivot de *l'organicisme*, non plus de ce système étroit, étouffant dans l'étau du solidisme absolu, mais bien cet organicisme large et conciliant, libéral, oserions-nous dire, qui, loin de confisquer tous les éléments au profit d'un seul, sait faire la part des solides, des humeurs et même des impondérables.

Pour nous organicistes, la *maladie* n'est et ne peut être que l'expression de l'altération connexe des organes ou mieux des éléments organiques et des fonctions, sans que pourtant il existe équilibre constant entre la lésion organique et la lésion fonctionnelle ; ainsi le veut la loi primor-

---

[1] L'utilité de la doctrine des *éléments*, telle que nous la comprenons, nous est apparue pour la première fois pendant l'épidémie de méningite qui sévit à Strasbourg en 1841 ; ce fut à l'occasion des avantages que nous retirâmes alors de l'emploi de l'opium dans cette maladie inflammatoire. Nous traçâmes les premiers linéaments de cette doctrine dans notre relation de cette épidémie, puis dans la *lettre à M. le docteur* CAYOL *sur la thérapeutique des inflammations* (Gaz. méd. de *Paris*, 1842); nous en fîmes voir les applications à la phthisie dans notre *Clinique médicale de la faculté de Strasbourg* (1842); nous lui donnâmes plus de développements dans un article intitulé: *Comment une même maladie peut guérir par des remèdes différents* (Gazette méd. de *Strasbourg*, 1843) ; enfin nous l'érigeâmes en système raisonné dans nos *dixième, onzième et douzième lettres sur la thérapeutique* (Gazette des hôpitaux, 1844). Depuis lors nous en avons fait l'application continuelle dans notre pratique, notre enseignement et nos écrits, notamment dans notre travail sur *l'opium appliqué au traitement du catarrhe et de la phthisie* (Bulletin de thérapeutique, 1844), et dans un autre intitulé : *Du croup et de son traitement par les vomitifs répétés* (ibid., 1845). Telle est la filiation de nos travaux sur cet objet, telles sont les sources où l'on pourra puiser les développements de nos idées sur cette doctrine qui, sans annuler le rationalisme, accueille tous les faits d'observation, se prête à toutes les exigences de la thérapeutique et donne la clef de la plupart des dissensions théoriques et pratiques.

diale de l'impressionnabilité individuelle ou idiosyncrasie. Pour nous, la lésion des fonctions n'en est pas moins subordonnée à la lésion d'organe, condition *sine quâ non* du trouble fonctionnel. Vingt-cinq ans de sérieuses méditations sur ce grave sujet n'ont pu nous faire accepter la proposition contraire. Ainsi se trouvent jugées, dans notre esprit, les doctrines rivales.

Le *vitalisme*, à nos yeux, est un brillant édifice, mais bâti dans les nuages et qu'un rayon de soleil fait évanouir. A cette doctrine se rattache le naturisme hippocratique ou la théorie de la *nature médicatrice :* eh bien ! nous avons démontré que cette nature intelligente, prévoyante et pourvoyante subit très-humblement le joug impérieux de l'organisme, et nous l'avons montrée soumise aux trois lois de la réaction, de la structure organique et des produits morbides, sous l'influence desquelles elle joue passivement le rôle de libérateur ou de bourreau : entre la nature médicatrice et la nature homicide, avons-nous dit, il n'y a souvent que l'épaisseur d'une aponévrose.

L'*humorisme* n'est qu'un élément du problème pathologique, élément usurpateur de la médecine antique tout entière, et qui, par une légitime réaction, eut à subir l'ostracisme lancé par les écoles de Morgagni, de Pinel et de Broussais ; élément qui revendique de nos jours une brillante et solide réhabilitation, sauf les écarts et les ambitieux envahissements des réactifs et du microscope [1].

Le *solidisme*, nous l'avons dit, n'a fait que substituer un injuste despotisme à un autre ; mais en vertu de la loi

---

[1] Voir nos études sur l'*humorisme rationnel* (*Journal hebdomadaire de médecine*, 1834); l'article *Sang* (*Dict. de méd. et de chir. prat.*); *Lettre à M. le professeur* Andral *sur les altérations du sang* (*Gaz. méd. de Paris*, 1841), etc.

des révolutions, après l'avoir adoré, l'on danserait volontiers à ses funérailles; or, il doit survivre à ses persécuteurs, parce qu'il subsiste comme fait, comme élément partiel, et que rien ne peut se perdre dans la nature.

Il est une doctrine ténébreuse, enfant bâtard d'un vitalisme timide, qui, dans ces derniers temps, s'est obliquement introduite dans l'arène de la science : c'est le *dynamisme*, lequel a pris ce nom comme un masque, pour cacher sa ressemblance originelle.

Quant à l'*éclectisme*, nous l'avons maintefois répété avec ceux-là même qui l'ont produit dans le monde savant : l'éclectisme n'est pas un système, pas même une méthode, c'est un fait, un acte comme celui de tourner à gauche ou à droite. L'éclectisme, loin d'être une doctrine, « suppose un système, ... part d'une philosophie » (COUSIN); le travail éclectique ou l'action de *choisir* ne peut s'effectuer qu'autant que le système est déjà arrêté; au moment de choisir, l'éclectiste est déjà rationaliste ou empirique, solidiste, humoriste, vitaliste, etc.; il ne choisit que dans l'intérêt de sa doctrine *a priori*.

La base philosophique de nos travaux ainsi posée sur le trépied du positivisme, de l'organicisme et de l'analyse élémentaire, nous sommes entré dans l'examen de la maladie considérée comme être collectif ou abstrait; nous avons étudié, comme éléments isolés, les membres qui la constituent, les différents points de son histoire.

La *nomenclature*, cet élément essentiel de toute science exacte et bien faite, est peut-être ce qui laisse le plus à désirer dans la nôtre. Le nom d'un objet devant en exprimer l'essence ou la nature intime, on conçoit dès l'abord combien nous sommes loin de posséder les éléments d'une nomenclature satisfaisante et stable; car la langue médicale subira nécessairement l'exigence des doctrines dissidentes et la mobilité des systèmes. Aussi doit-on accueillir, en général, les noms insignifiants de préférence à ceux qui auraient la prétention d'exprimer l'essence intime des maladies. Provisoirement, la nomenclature doit tendre à traduire les éléments capitaux de toute maladie, à savoir le caractère nosologique généralement accepté, et le siége lorsqu'on peut le déterminer : ainsi le mot *péritonite* rappelle à la fois et l'inflammation et le péritoine.

Le nom doit donc constituer une petite définition ; quant à la *définition* proprement dite, elle doit donner une idée juste et complète, quoique concise, de l'objet défini ; elle doit scrupuleusement éliminer les simples hypothèses, et c'est en cela que pèchent souvent les définitions qui admettent comme démontrées les particularités qui sont en question.

L'*histoire* est l'école des sciences aussi bien que celle des peuples ; c'est par elle seule que l'expérience des siècles peut profiter aux contemporains. En même temps qu'elle épargne des tâtonnements au moins inutiles, elle sert à démasquer les larcins si souvent produits à titre d'inventions nouvelles. C'est à ces divers titres que nous avons scrupuleusement exhibé les traditions de l'antiquité au sujet des questions les plus importantes ; et quelle que soit l'apparence originale ou excentrique de quelques-uns de nos dogmes, il est cependant vrai de dire qu'il n'en est pas un seul peut-être que nous ne puissions placer sous l'égide des autorités les plus respectables : c'est ce que nous avons fait.

Entrant dans la vaste carrière de l'*étiologie*, nous avons risqué l'essai d'un tableau des causes morbides, dans lequel est venue se ranger, assez rationnellement, nous le pensons, l'infinie variété de ces causes. Éliminant ce qu'on appelle causes prochaines, causes formelles, en tant que celles-ci constituent l'essence ou du moins le corps même de la maladie, nous avons rangé les causes prédisposantes et déterminantes, qui, si souvent, se transforment les unes dans les autres, en quatre groupes ainsi désignés: 1° Causes hygiéniques (objectives); 2° causes individuelles (subjectives); 3° causes mixtes; 4° causes occultes. Plusieurs leçons ont été consacrées au développement de ce tableau. Là s'est offerte l'occasion de soumettre à un sérieux examen ces graves questions étiologiques relatives aux influences de l'*atmosphère*, des *saisons*, des *climats*, etc. Nous avons vu que ces causes agissaient uniquement en créant dans l'économie des conditions organiques. Ce n'est pas par cela seul qu'un individu sera originaire du nord ou du midi qu'il faudra le traiter de telle ou telle manière; mais bien plutôt parce qu'il présentera les conditions constitutionnelles particulières aux indigènes de ces climats; que si un Espagnol offrait, par exception, la constitution lymphatique d'un Hollandais, il faudrait le traiter comme un Hollandais, et *vice versá*. N'oublions pas, du reste, que les conditions d'air, de saison ou de climat ne peuvent changer le caractère fondamental des maladies; ces conditions ne peuvent imposer que des modifications; et prétendre que la pneumonie doive être traitée en France par la saignée, en Russie par l'alcool, c'est professer une hérésie désastreuse.

Portant l'analyse dans ces éléments obscurs désignés sous les noms d'*hérédité*, d'*idiosyncrasies*, de *diathèses*, de *causes spécifiques*, nous les avons également réduits à des conditions organiques matérielles, appréciables ou non, qu'il s'agit de déterminer.

Lorsque se sont offerts ces problèmes litigieux de *contagion*, d'*infection*, d'*épidémie*, nous les avons passés au creuset de l'histoire, du raisonnement et surtout de l'observation, pour les dépouiller de l'appareil terrible et mystérieux dont la surprise et la frayeur les ont de tous temps environnés [1].

Puis, nous avons résumé dans quelques conclusions la philosophie de cette partie de la science, l'étiologie, dont l'importance incontestable est cependant beaucoup diminuée par les ressources actuelles du diagnostic : beaucoup de causes, avons-nous dit, produisent les mêmes effets et, réciproquement, beaucoup d'effets peuvent résulter d'une même cause. — N'acceptez que les causes démontrées; — remarquez que l'effet une fois produit, la cause devient souvent indifférente; — car c'est le mal que l'on traite et non pas la cause (Sydenham); — si les anciens attribuaient tant d'importance à l'étiologie, c'est que, dépourvus des lumières du diagnostic matériel, force était bien qu'ils cherchassent à s'éclairer par des moyens accessoires. — C'est encore à l'organicisme que nous devons cette simplification de l'étiologie.

Passant à la *séméiologie*, nous avons d'abord paraphrasé l'aphorisme de Fernel : « *Omne symptoma signum est, non tamen omne signum symptoma.* » A la symptomatologie nous avons rattaché l'anatomie pathologique, laquelle n'est en effet que le symptôme interne, et nous avons divisé les symptômes en organiques et fonctionnels. Puis, nous écartant des routes battues et sans suivre fastidieusement ces symptômes dans la série des organes, nous en avons recherché l'essence même, et nous les avons

---

[1] Voir notre *Examen de la doctrine des constitutions épidémiques*, in-8º; 1843.

classés ainsi : A. Symptômes *organiques* émanés 1° des solides, 2° des liquides, 3° des impondérables, 4° des produits de nouvelle formation, similaires ou non; B. Symptômes *fonctionnels* émanés 1° des fonctions générales, 2° des fonctions spéciales. Il est bien entendu que, dans nos doctrines, le symptôme organique, lorsqu'il est saisissable, l'emporte de beaucoup en valeur sur le symptôme fonctionnel, lequel n'est bon qu'à servir de base à la médecine symptomatique, la pire de toutes les médecines; car, aussi variable que l'impressionnabilité des individus, le symptôme fonctionnel s'exalte ou s'endort, capricieux comme la sensibilité même; tandis que le symptôme organique, lui, plus fidèle dans ses expressions, représente en réalité le corps de la maladie, quelque agacement que cette proposition mal sonnante puisse faire éprouver à l'école vitaliste. Que de symptômes peuvent surgir de la même lésion, que de lésions peut réfléchir le même symptôme! Donc le symptôme est essentiellement trompeur, et la lésion seule mérite confiance. Les exceptions mêmes à cette règle trouvent leur interprétation dans l'organicisme bien compris, comme nous l'avons prouvé dans notre traité de l'*entérite folliculeuse*, comme nous le verrons bientôt au sujet des névroses[1].

---

[1] Nos travaux plus spécialement relatifs à la symptomatologie ou diagnostic proprement dit, sont :

De l'influence que les maladies exercent sur la chaleur animale (Paris 1832). — *Des accidents causés par la présence de l'air dans les voies circulatoires* (*Transactions médic.*; 1832). — *Mémoire sur les perforations dites spontanées du canal digestif* (*Gazette méd. de Paris*, 1837). — *Lettre à M.* RAYER *sur l'albuminurie* (Paris 1837). — *Recherches cliniques sur le degré de certitude du diagnostic des maladies de l'appareil cérébro-spinal* (Paris 1838). — *Relation de l'épidémie de méningite de Strasbourg en* 1841 (Paris 1842). — *Études cliniques sur les maladies du cœur* (Paris 1844), etc., et les *Compte-rendus* de notre clinique.

Esquissant à grands traits l'histoire générale de la *marche*, de la *durée*, des *terminaisons* des maladies, nous avons fait remarquer que le *prodrôme* est déjà la maladie; nous avons montré que la distinction des maladies en *aiguës* et *chroniques* est encore une question d'éléments, une dépendance de l'organicisme : tel élément causal provoque une évolution lente ou rapide; tel tissu comporte des lésions aiguës ou chroniques : l'os ne peut réagir comme l'appareil vasculaire. — La *délitescence* n'est qu'une *résolution* prompte, et *vice versâ*. — La *crise* est un fait contestable en tant que phénomène primitif et spontané; dans tous les cas, elle subit les lois de l'organisation, et, comme la nature, elle soulage ou tue aveuglément, suivant les lieux où la poussent les réactions. — Les *jours critiques* sont une chimère; car qui peut déterminer l'instant précis où débute le mal? et les mouvements organiques ne sont-ils pas soumis aux mille éventualités de l'organisation individuelle? — Quant aux *métastases*, l'humorisme moderne les a réhabilitées; mais voyez : voilà que l'on nie le transport du pus lui-même! Ces migrations humorales d'ailleurs doivent subir, comme les crises, l'empire obligé de la matière. Cette bienveillante spontanéité de la nature n'est-elle donc décidément qu'un rêve séduisant et menteur?

Parmi les *complications*, il en est d'éventuelles, il en est de nécessaires : l'hémoptisie est un accident du tubercule; l'hydropisie est une nécessité de l'oblitération vasculaire. — La complication peut dominer la maladie première; elle peut lui succéder, et dans ces deux cas entraîner la mort, dont l'autre est innocente, et tromper ainsi sur la valeur de celle-ci. Que de complications dans la fièvre typhoïde qui peuvent expliquer la lésion superficielle de l'intestin à l'autopsie !

Nous avons fait observer que le *diagnostic différentiel* est un des écueils où viennent se briser les systèmes nosologiques. Trop de minutie dans les distinctions détruit la philosophie et conduit à l'abus des drogues; trop de largeur fausse la vérité et rétrécit le champ de la thérapeutique. Une différence de nombre, de grandeur, d'attributs accessoires ne constituent pas des essentialités, a dit Sauvages, et pourtant combien de maladies spéciales, même spécifiques, n'ont-elles pas été fondées sur de si faibles bases, à commencer par les fièvres, à en juger par la doctrine des épidémies.

Au sujet du *pronostic*, nous avons porté des atteintes quelque peu profanes à l'auréole des anciens, en exhumant quelques aphorismes absurdes, quelques traits de charlatanisme, et surtout en montrant que le pronostic émane directement du diagnostic, dont il réfléchit les progrès. Hippocrate, néanmoins, avait raison de le représenter comme toujours douteux; car il ne relève pas seulement de la maladie et du médecin, mais encore et toujours du malade, du pharmacien et souvent des commères[1]. Il n'est pas étonnant que des praticiens mal habiles, poliment qualifiés de malheureux, rembrunissent toujours le pronostic; cela d'ailleurs prépare d'éclatants triomphes ou sauve la responsabilité.

Enfin, nous sommes entré dans le vaste champ de la *thérapeutique*, dont nous avons exploité le domaine philosophique avec le soin et l'étendue que réclame le sujet. La thérapeutique, en effet, est la partie vive de la science, la réalisation de l'art, le but de toutes les investigations nosologiques. Après avoir défini les termes qui s'y rap-

[1] Voir notre travail intitulé: *Des malheurs en thérapeutique* (*Bulletin de thérap.*, 1840)

portent, tels que les mots *remède, médicament, pharmacologie* ou *matière médicale, pharmacie, pharmaco-dynamie*, et la *thérapeutique* elle-même, qui résume toutes ces sciences, nous avons cherché à caractériser le *rationalisme* et l'*empirisme*. A l'égard de ce dernier, nous avons fait remarquer qu'il n'existe pas dans la nature, laquelle ne peut agir que rationnellement, et qu'il n'est que l'expression de notre ignorance à l'égard des phénomènes occultes. Nous avons scruté l'*origine* des médicaments, et démontré que le rôle de l'empirisme et du hasard auxquels on l'attribue, est plus restreint qu'on ne l'imagine et que ne le répètent chaque jour certains esprits superficiels. Nous avons vu que de tous temps les conceptions *à priori*, et quelles conceptions ! ont inspiré les praticiens et multiplié les drogues. Nous avons fait sentir combien de mal ont fait à l'art et à la science ces *cuisiniers arabesques*, comme les appelle Guy-Patin, et qui pullulent ailleurs qu'en Arabie. Mais s'il est vrai qu'un rationalisme quelconque a présidé à l'invention de la plupart des remèdes, hâtons-nous d'ajouter que ceux-ci ne doivent être acceptés que lorsque l'expérience en a constaté l'efficacité. Or, on confond trop souvent l'expérience avec la routine et la vétusté [1].

Nous avons étudié les formes, les *voies d'application*, la *sphère d'action*, locale ou générale, des médicaments [2]; puis, nous avons cherché à pénétrer leur *mode d'action* même, cette pierre philosophale de la science qu'on croit posséder pour lui avoir donné un nom : celui de pharmaco-dynamie. Nous avons, à ce sujet, formulé une série

[1] Voir notre dissertation : *Des obstacles aux progrès de la thérapeutique positive*.
[2] Voir nos *Lettres sur la thérapeutique* (lettre septième qui traite des modes d'action fondamentaux des médicaments). *Gazette des hôpitaux*, 1844.

de propositions, d'où résulte — que l'action physiologique des médicaments est la seule qui puisse raisonnablement nous guider dans l'interprétation de leurs vertus curatives, lesquelles sont enveloppées, le plus souvent, de la plus profonde obscurité; — que l'action physiologique elle-même résulte de l'influence combinée de la composition intrinsèque du médicament et du mode de réaction de l'économie, éléments trop variables, le second surtout, pour qu'on puisse en aucun cas présager des effets certains. — Les médicaments agissent sur les maladies en modifiant les organes, ce dont les vitalistes sont forcés de convenir, puisqu'ainsi que nous ils adressent des remèdes très-matériels à leurs lésions vitales, ce qui les constitue en flagrant délit d'inconséquence. — Les remèdes ne s'adressent pas précisément aux maladies, mais bien aux états organiques par lesquels celles-ci sont constituées. — Ces états organiques pouvant varier à l'infini dans leurs caractères et leurs combinaisons, il s'ensuit que les traitements univoques, les formules *à priori* sont de dangereuses chimères; que les spécifiques sont suspects par anticipation et si rares de fait, et que la doctrine des éléments est la seule qui puisse nous guider dans ce labyrinthe. C'est ce qui fait que la médecine est une science si relevée, une œuvre si difficile, qu'elle n'entrera jamais dans d'étroits cerveaux. — C'est aussi pourquoi un système complet et satisfaisant de thérapeutique est et demeurera peut-être toujours impossible à réaliser[1].

Quoi qu'il en soit de ces difficultés et de bien d'autres encore, nous avons tenté d'édifier une *classification* des médicaments, après avoir exploré tous les fondements

---

[1] Voir notre travail sur cette question : « Poser les bases d'une classifica-« tion des médicaments » (*Congrès scientifique de Strasbourg*, t. II; 1842).

possibles d'un pareil édifice. Parmi les bases qu'on a tour à tour instituées, quelques-unes méritent d'être conservées; ce sont : 1° La base chimique, reposant sur la composition des médicaments; 2° la base physiologique, fondée sur les effets primitifs des remèdes; 3° la base pathologique, qui consiste à grouper les médicaments autour des maladies qui les réclament; 4° la base thérapeutique, fondée sur le résultat curatif des remèdes. Du parallèle raisonné de ces méthodes il est résulté que cette dernière est la plus mauvaise quoique la plus séduisante au premier coup d'œil; car elle tend à consacrer un aveugle empirisme et à multiplier les spécifiques, qui pourtant sont si rares en réalité. Il résulte encore que, dans la nécessité de choisir, la base physiologique est celle qui comporte le moins d'inconvénients, et c'est celle que nous avons préférée, bien qu'en définitive aucune d'elles ne doive être absolument répudiée. En conséquence, nous avons cru pouvoir instituer les cinq classes suivantes : 1° stimulants, 2° débilitants, 3° sédatifs, 4° altérants, 5° spécifiques; classes dont chacune se subdivise en ordres plus ou moins nombreux, et dont quelques-unes sont assez sujettes à controverse; celles des altérants et des spécifiques, par exemple[1]. Le mode d'action des médicaments est moins variable qu'on ne le pense. A part leurs propriétés particulières, spécifiques, si l'on veut, les médicaments ont des propriétés générales qu'il ne faut jamais perdre de vue : le quinquina et ses composés, les mercuriaux, les sulfureux, les alcalis, outre qu'ils sont antipériodiques, antisyphilitiques, antiherpétiques, fondants, etc., sont en même temps des stimulants plus ou moins actifs. Peut-être même doivent-ils à cette propriété générale une plus ou moins grande partie de leurs vertus réputées

[1] Voir le tableau n° 1, à la fin.

spéciales. Or, de ces cinq classes, trois reposent sur la base physiologique, la quatrième sur la base chimique, la cinquième est essentiellement thérapeutique [1]. Nous avons beaucoup insisté sur la distinction des agents des trois premières classes en *directs* et *indirects;* distinction sans laquelle il serait impossible de s'entendre ; car on voit tous les jours des stimulants directs agir indirectement comme débilitants, et réciproquement. Cette logomachie est sans contredit celle qui a porté le plus de confusion dans la science; c'est encore elle qui sert de base à la ridicule théorie des contre-stimulants.

Nous vous avons donné un *critérium* pour reconnaître le mode d'action réel des médicaments : c'est d'étudier leur action topique sur les tissus; ainsi toute substance qui rougit, enflamme, détruit la peau ou les muqueuses sur lesquelles on l'applique, est infailliblement un stimulant *direct;* à ce titre, le camphre, le tartre stibié, l'arsenic sont incontestablement des stimulants, bien qu'ils puissent agir *indirectement* comme débilitants, sédatifs, contre-stimulants, tout ce qu'on voudra; c'est même le propre des stimulants les plus énergiques, des poisons les plus irritants, de briser les forces générales; mais ce n'est là, nous le répétons, qu'un effet indirect.

Ceci posé, nous avons défini *l'indication thérapeutique:* c'est l'ensemble des circonstances qui, dans une maladie donnée, réclament l'emploi de telle ou telle médication. On conçoit qu'elle peut être simple ou multiple. Les moyens de remplir les indications constituent l'*art de formuler,* dont nous avons longuement exposé les règles, et qui repose sur l'appréciation du médicament, du malade et de la

[1] Voir notre travail intitulé: « *Existe-t-il des médicaments spécifiques?* » (*Bulletin de thérapeutique,* 1834.)

maladie, éléments connexes de toute prescription. Nous avons posé cet axiôme : « La formule, c'est le médecin », comme Buffon a dit : « Le style, c'est l'homme. » Le critérium d'une bonne formule, c'est de permettre d'apprécier nettement l'intention du praticien : la formule rappelle la maladie, comme la maladie appelle la formule. La formule *à priori* est, nous le répétons, un vrai contresens, et les collections de formules brutes, les formulaires, sont une calamité pour la science et même pour l'art; il n'y a de scientifiques, de réellement utiles, que les traités de matière médicale et de thérapeutique, ainsi que les ont compris Gaubius, Cullen et Murray. Le remède étant connu, la dose et les combinaisons coulent de source, en face d'un cas donné.

La formule est scientifique ou industrielle; celle-ci est de beaucoup la plus usitée. Nous dévoilerons plus bas le mécanisme banal et les finesses grossières de cet art prétendu, qui, pour le stupide vulgaire, change un empirique ignorant en un praticien consommé : le grand praticien, pour le public, est celui qui a sa gibecière pleine de recettes, petites et grandes, qu'il va distribuant sans cesse et à tout venant; car la formule industrielle relève directement de la *polypharmacie*, que nous avons distinguée en *complexe*, *multiple* et *changeante*, suivant qu'elle accumule les médicaments dans un seul composé, qu'elle donne beaucoup de remèdes à la fois, mais séparément, ou qu'elle les change du matin au soir, le tout sans indication scientifique. Tout en lui assignant des limites légitimes, nous avons stygmatisé la polypharmacie en général, au nom des autorités les plus vénérables et du bon sens, lequel dit en effet que, dans l'impossibilité de faire la part exacte de chacun de ces éléments confondus, la science devra demeurer éternellement problématique et stationnaire. Ces monstrueux mélanges ne peuvent être les produits que d'une science fausse ou incertaine, d'une imagination déréglée... quand ils ne sont pas un leurre effronté jeté par le charlatanisme à la crédule ignorance[1]. Mais l'expérience? dira-t-on; l'expérience! autre déception, dont nous avons expliqué l'origine en posant les conditions de l'expérience vraie, par opposition aux hallucinations de l'insuffisance et de la routine; et nous avons fait voir combien peu sont en droit d'alléguer leur expérience et de prétendre avoir vu, ce qui s'appelle vu[2].

Enfin nous avons détruit le prestige de cette fécondité stérile et calamiteuse, par cette simple démonstration d'arithmétique rudimentaire : Étant données seulement cinq substances de chacune de nos cinq classes de médicaments, combinez ces vingt-cinq éléments deux à deux, trois à trois, etc. Vous en verrez surgir une somme énorme de combinaisons, de quoi défrayer indéfiniment le polypharmaque le plus avide, surtout si vous y joignez les modifications de formes, de doses, de mode d'administration, dont chaque remède simple ou combiné est lui-même susceptible. Tel est tout le secret qu'un simple apothicaire pourra vous enseigner dans un quart d'heure, comme dit F. HOFFMANN[3].

[1] Voir notre article : *Sur l'abus des médicaments ou polypharmacie* (*Bulletin de thérapeutique*, 1842).

[2] Voir nos *Lettres sur la thérapeutique* (lettres huitième et neuvième, qui traitent de l'alliance entre la pratique et la théorie). *Gazette des hôpitaux*, 1844.

[3] Les exemples d'application de nos procédés thérapeutiques se trouvent dans nos ouvrages principaux et dans les nombreux articles que nous avons publiés dans le *Bulletin de thérapeutique*, dont voici les plus importants : *De l'emploi des frictions mercurielles dans la péritonite*; 1834. — *Des onctions mercurielles dans les phlegmasies séreuses*; 1834. — *Du delirium tre-*

Après cette longue anatomie du squelette de la maladie en général, nous sommes passé à l'exposé des moyens, des *instruments dont se sert le diagnostic* pour arriver à préciser les conditions du mal, et là nous avons eu à développer les ressources que l'observateur emprunte : 1° à l'application des sens (inspection, palpation, audition [1], odoration, gustation); 2° à l'emploi de certains procédés scientifiques (physique, chimie, arithmétique). Ici nous avons vivement et longuement combattu pour la statistique dont on nie l'indispensabilité, comme certains philosophes ont nié le mouvement et leur propre existence ; plaidoyer qui pourtant peut se résumer en deux mots : la *statistique*, c'est l'*expérience*. 3° Passant à l'application des procédés

---

mens et de son traitement ; 1835. — Même sujet ; 1838. — *Du tétanos et de son traitement ;* 1836. — *Du traitement de la chorée par les bains sulfureux ;* 1837. — *De quelques médicaments actifs administrés à dose extraordinaire* (eau distillée de laurier-cerise, eau d'amandes amères, cyanure de potassium, extrait d'opium, vin de colchique, tartre stibié, huile de foie de morue, indigo, strychnine); 1837. — *Nouvelles observations sur le même sujet* (antimoniaux, racine de grenadier, iode, saignée) ; 1839. — *Sur le traitement du tænia ;* 1837. — *Recherches cliniques sur le monésia ;* 1839. — *Du traitement de la phthisie par l'acide hydro-cyanique ;* 1839. — *Recherches pratiques sur les maladies nerveuses* (hystérie chez l'homme, épilepsie, névralgie faciale, hystérie) ; 1840. — *Recherches cliniques sur le traitement des exanthèmes fébriles ;* 1841. — *Du traitement des empoisonnements ;* 1842. — *De la maschaliatrie ou méthode axillaire ;* 1843. — *Des vomitifs et du tartre stibié à haute dose ;* 1843. — *Du traitement du rhumatisme par quelques remèdes nouveaux* (huile de foie de morue, iodure de potassium, nitrate de potasse à haute dose) ; 1843. — *De l'opium dans le traitement du catarrhe pulmonaire ;* 1844. — *De l'opium dans le traitement de l'hémoptysie et de la phthisie ;* 1845. — *Du croup et de son traitement par les vomitifs répétés ;* 1845. — Voyez aussi : *Empoisonnement par un gros d'extrait d'opium* (Transact. médic., 1832). — *Des indications thérapeutiques tirées des sécrétions* (Thèse. Strasbourg, 1836). — *De la cure des maladies réputées incurables* (Gaz. méd. de Strasbourg, 1841). — *De la miliaire et de son traitement* (ibid. 1844), etc.

[1] Voir : *Des influences de l'auscultation sur la thérapeutique* (Bulletin de thérapeutique, 1843).

de l'intelligence, nous en avons déduit l'art d'interroger, qu'on a tenté de réduire en formules qui pourtant doivent subir, suivant les cas, de notables amendements. Puis nous avons esquissé les règles relatives à l'art de dresser les observations, comprenant l'exposé des préliminaires, le tableau de la maladie, considérée dans ses états antérieur et actuel, dans son cours et dans ses terminaisons, y compris le manuel des nécroscopies; et enfin l'instruction des corollaires ou conclusions à tirer du fait observé.

Il nous restait à examiner l'élément final de ce démembrement de l'unité morbide, à savoir ce qu'on doit définitivement entendre par *nature* des maladies. La nature d'un objet, c'est son essence première, c'est l'élément primordial, générateur de tous les autres, au delà duquel il est impossible de remonter, si ce n'est par une vue de l'esprit. Nous savons qu'il est beaucoup d'intelligences que n'effraye pas l'induction métaphysique poussée à ses dernières conséquences. Ceux-là, disions-nous, ressemblent à ces sauvages qui font porter le monde par un éléphant et l'éléphant par une tortue... Et sur quoi repose la tortue? Sachons donc accepter les phénomènes de la nature à titre de faits secondaires et ne sortons pas du monde réel. La nature de la maladie est donc, en définitive, le point au delà duquel nos sens nous abandonnent; solution insuffisante, mais imposée par l'humble condition de l'esprit humain.

DEUXIÈME PARTIE.

ANALYSE ÉLÉMENTAIRE DU CADRE NOSOLOGIQUE.

C'est sur la nature supposée des maladies que les nosologistes, depuis Arétée jusqu'à nos jours, se sont efforcés d'asseoir leurs classifications. Ériger une classification, c'est formuler un jugement sur l'essence fondamentale, non pas d'une seule, mais de toutes les maladies, prétention orgueilleuse et qui serait digne de pitié, si la multiplicité des objets ne nous forçait à établir un cadre quelconque pour en faciliter l'intelligence et l'exposition.

L'enchaînement logique des matières nous conduit donc naturellement à l'étude des *classifications nosologiques*. Après examen approfondi de la plupart de celles qui ont été produites, nous sommes arrivé à cette triste conclusion, que non-seulement dans l'état actuel il n'existe pas une classification de tout point satisfaisante, mais encore qu'une telle classification est impossible, par la raison toute simple que la nature primitive, réelle, incontestable des maladies nous est profondément cachée, et pourtant force nous est d'adopter un ordre quelconque dans l'exposition du grand nombre de maladies qu'il nous faut étudier. En y songeant mûrement, nous avons trouvé que la classification de Pinel était encore la moins défectueuse, et nous l'avons adoptée, sauf quelques modifications. Nous confessons tout d'abord l'insuffisance et les vices radicaux de notre cadre en tant que systématisation rationnelle; mais il nous a suffi que l'universalité des maladies pût venir s'y ranger. Nous avons donc admis sept classes de maladies, ainsi qu'il suit : 1° FIÈVRES, 2° INFLAMMATIONS, 3° FLUX (hémorrhagies, hydropisies), 4° NÉVROSES, 5° LÉsions organiques, 6° cachexies, 7° intoxications. Mais il nous a paru que pour simplifier et faire fructifier l'enseignement, il était indispensable de soumettre certaines de ces classes à l'ordre physiologique et d'appliquer successivement chacune des maladies qui les composent aux divers appareils et organes de l'économie. Ainsi, au lieu de passer en revue tous ces organes à l'occasion de chaque maladie, nous appliquerons toutes ces maladies aux organes qui en sont susceptibles; tel est l'ordre que nous avons adopté dans nos compte-rendus cliniques, et que nous maintenons ici.

Une classification telle quelle, ainsi constituée, il nous a bien fallu donner l'explication des objets qui la composent; ainsi nous avons dû traiter des *fièvres* en général, spécialement de celles dites essentielles (continues, intermittentes, éruptives, etc.), et, nonobstant clameur de haro, nous avons, par voie démonstrative, nié l'essentialité des fièvres, par la raison que cette essentialité répugne au droit sens et aux notions les plus élémentaires de la pathogénie. En conséquence, nous avons posé et développé les axiômes suivants : 1° toute fièvre est symptomatique; 2° tout mouvement fébrile procède de l'irritation; 3° les fièvres dites essentielles continues se résument en une seule affection : l'entérite folliculeuse[1]; 4° les exceptions à cette règle sont des erreurs de diagnostic; 5° beaucoup de fièvres graves qu'on a confondues avec l'entérite folliculeuse, étaient ou d'autres phlegmasies typhoïdes, ou des intoxications; 6° les fièvres rémittentes sont ou des fièvres continues avec exacerbations, ou des fièvres intermittentes sub-intrantes; 7° les fièvres intermittentes sont presque toutes des intoxications; 8° les fièvres éruptives ont le plus

[1] Voir notre traité de l'*entérite folliculeuse*.

souvent, il est vrai, pour origine, un principe contagieux, lequel est nécessairement irritant ; mais au point de vue pratique[1], l'élément inflammatoire est le plus important à considérer (STOLL) ; 9° la fièvre hectique essentielle qu'on a voulu ressusciter, est toujours symptomatique ; 10° la thérapeutique des fièvres doit varier suivant une foule de circonstances, dont les principales sont les éléments cause, degré, type, période, force du sujet, etc. On verra bientôt que le caractère inflammatoire n'implique pas de nécessité les débilitants directs dits antiphlogistiques.

La classe des *lésions du sang* qu'on a voulu établir, est essentiellement rationnelle ; mais ce nouveau sujet d'études est si peu avancé, si sujet à controverse et mêlé à tant de problèmes pathologiques, qu'il nous paraît prématuré, même impossible aujourd'hui d'en offrir un tableau méthodique et complet. Ces lésions se rencontrent en effet dans toutes les autres classes : fièvres, inflammations, flux, névroses même, lésions organiques, cachexies, intoxications ; car partout l'humorisme rationnel réclame une place ; partout il aspire à jouer un rôle primitif ou secondaire, et BICHAT l'a dit avec raison : « Toute théorie exclusive d'humorisme ou de solidisme est un contresens pathologique. »

Longtemps nous nous sommes arrêté à l'étude de l'*inflammation*, et le sujet le méritait bien ; car vous avez vu ce redoutable élément s'immiscer à la plupart des autres affections, soit comme cause, soit comme effet, soit comme simple complication, alors qu'il ne constitue pas seul la maladie. Et pourtant on est allé de nos jours jusqu'à nier l'inflammation. Quelle que soit notre admiration pour les merveilleuses subtilités de la dialectique, il ne dépend pas

[1] Voir nos *Recherches cliniques sur les exanthèmes fébriles* (*Bulletin de thérapeutique*, 1841).

de nous de méconnaître l'inflammation, telle que déjà CELSE l'avait décrite, c'est-à-dire là où il y a rougeur, tumeur, chaleur et douleur persistantes, surtout lorsqu'il s'y joint suppuration, ulcération, fièvre, etc. Malgré les superbes dédains dont elle est l'objet, nous ne pouvons pas même nous dispenser d'admettre l'irritation, en tant qu'elle exprime l'augmentation de l'action organique des tissus; nous avons même surpris ses détracteurs en flagrant délit d'irritation, tant il serait difficile de rayer ce mot du vocabulaire[1].

Aidé de la doctrine des éléments, nous avons porté l'analyse dans l'étude des inflammations dites spécifiques, et démontré, je crois, que l'inflammation est au fond toujours la même, mais qu'elle subit des modifications selon les éléments qui s'y trouvent conjoints; tantôt c'est la cause, tantôt ce sont les conditions individuelles qui la modifient : ainsi l'inflammation syphilitique est l'inflammation plus le virus vénérien; cela est si vrai qu'on a bien soin de combattre l'inflammation avant d'attaquer le virus; l'inflammation scrophuleuse est l'inflammation greffée sur la constitution lymphatique exagérée, si bien que les prétendus antiscrophuleux augmentent cette inflammation pour peu qu'elle soit intense.

La doctrine des éléments pouvait seule nous mettre à même de résoudre les grands et litigieux problèmes relatifs à la thérapeutique des inflammations, et de débrouiller le nœud des dissensions ardentes qui divisent aujourd'hui le monde médical. Nous avons montré que l'inflammation étant un phénomène complexe, comme l'ont fort bien vu

---

[1] *Lettre à M. le professeur* ANDRAL *sur les altérations du sang* (*Gazette méd. de Paris*, 1841). — *Lettre à M. le docteur* CAYOL *sur la thérapeutique des inflammations* (*ibid.*, 1842).

les anatomo-pathologistes et les micrographes, on pouvait l'attaquer avec succès, par les divers côtés représentés par chacun de ses éléments; qu'on s'opposait à l'afflux du sang par la saignée, à l'obstruction des capillaires par le froid, les astringents, la compression, à la douleur par les sédatifs, à l'engorgement chronique par les stimulants; que les prétendus spécifiques la dégageaient des éléments qui s'opposaient à sa solution, etc., et qu'enfin, selon l'occurrence, chacun de ces moyens pouvait réussir, quoique opposés en apparence, sans que pourtant l'inflammation cessât d'être elle-même; c'est qu'à part les débilitants, il est beaucoup d'antiphlogistiques *indirects*. Toutefois, il ne peut être indifférent d'employer tel ou tel de ces moyens, lesquels répondent à des indications spéciales, et s'offrent dans un ordre hiérarchique qui fortifie le rationalisme au lieu de le détruire[1].

A l'égard de l'inflammation entrant comme élément partiel dans les maladies, nous avons développé ce précieux aphorisme de Stoll : « Dans tout concours de phlogose « avec d'autres maux, *quels qu'ils soient*, le *premier soin* « que l'on doit avoir, c'est de l'inflammation. »

Cherchant à déterminer la nature de l'inflammation, nous avons fait justice de cette moderne fantasmagorie qui, changeant la signification des mots, et bouleversant les idées, prétend effacer l'inflammation pour lui substituer l'augmentation de fibrine. Il nous a été facile de démontrer que l'excès, le défaut et l'état normal de la fibrine peuvent exister avec ou sans inflammation; que l'excès et le défaut n'étant d'ailleurs que des phénomènes secondaires, l'état

---

[1] Voir *Gaz. méd. de Strasbourg: Comment une même maladie peut guérir par des remèdes différents*, 1843, et nos onzième et douzième *Lettres sur la thérapeutique* (*Gaz. des hôpitaux*, 1844).

quelconque de la fibrine et l'inflammation sont évidemment deux choses distinctes qui peuvent très-bien exister ensemble ou séparément. L'inflammation est essentiellement le produit d'une stimulation quelconque, interne ou externe, solide ou humorale, qui met en jeu la contractilité des tissus, au moins au début. Son principe est l'irritation, qui ne l'accompagne pas de nécessité dans toutes ses périodes. L'inflammation passive est un fait important à reconnaître en thérapeutique, mais dont il est facile d'abuser.

C'est dans le même esprit que nous avons étudié les *hémorrhagies*. De nature aussi variable que les causes qui peuvent les produire, elles peuvent dériver d'une altération des solides, d'un vice des humeurs, d'une cause dynamique, sans cesser jamais d'appartenir à l'organicisme. Cette variabilité ne fait que mieux ressortir la nécessité de l'analyse élémentaire, surtout en ce qui concerne la thérapeutique de ce genre d'affection, qui a plus d'un point d'analogie avec l'inflammation.

Les *hydropisies* ont aussi de nombreuses affinités avec les affections précédentes; comme les hémorrhagies, elles reconnaissent pour causes des lésions des solides et des altérations des humeurs, ainsi que d'autres plus obscures; toutes causes contre lesquelles l'art demeure trop souvent frappé d'impuissance, bien qu'il réussisse fréquemment à dissiper l'effet, à guérir l'hydropisie elle-même. Ce sujet est un des plus fertiles en conquêtes modernes [1].

Nous avons soigneusement exploré cette mystérieuse classe des NÉVROSES, à l'égard desquelles tant d'incertitudes et de dissentiments se produisent encore. Néanmoins nous

---

[1] Voir: *Lettre à M.* RAYER *sur l'albuminurie*, Paris 1837.

avons réussi, je crois, à répandre quelques lumières sur ce sujet obscur, en représentant la névrose, en général, comme une simple expression morbide, une manifestation variable de la souffrance du système nerveux, un symptôme banal, comme la fièvre et le délire, et qui, comme telle, peut se lier et se lie en effet aux causes les plus diverses, d'où surgit ce dogme lumineux et fécond de la variabilité du traitement, en rapport obligé avec la variabilité de la cause, qui peut résider dans les solides, dans les humeurs, et même dans les impondérables, cause qui souvent échappe à nos investigations. A ce point de vue, toutes les névroses seraient symptomatiques et d'origine organique, y compris les aliénations, proposition sentant l'hérésie et qui, récemment, a soulevé un orage à l'académie de médecine. Nous avons démontré, cependant, que nulle opinion n'était plus orthodoxe, car elle glorifie comme conséquente dans ses œuvres, cette providence qui partout a relié les propriétés à la matière; et dont la puissance illimitée peut certainement doter la pulpe cérébrale de la faculté de penser, comme elle l'a gratifiée de celle de sentir; c'est l'opinion inverse qui nous paraît une erreur... Laissons là ces discussions et cherchons la vérité: « *Non est philosophi recurrere ad deum* », dit l'ancienne scholastique[1]. Que si les névroses ne révèlent souvent aucune altération appréciable, c'est que, probablement, nous ignorons toutes les conditions matérielles qui régissent l'appareil si délicat du système nerveux : un principe matériel certainement produit la colique de plomb, la redou-

---

[1] Le religieux DESCARTES, en cherchant à expliquer tous les phénomènes par les seules propriétés de la matière, ne prétendait assurément rien ôter à son auteur, mais se contentait, comme la raison l'exige, d'exclure le miracle des explications de la science (*Éloge de* PASCAL, par BORDAS DEMOULIN).

table hydrophobie, et pourtant ce principe échappe à nos sens.

De ce qui précède, résulte la proscription de cette malheureuse classe des antispasmodiques, source de tant d'erreurs en théorie et de calamités dans la pratique. Nous avons démontré, en effet, que la simple hygiène, les débilitants aussi bien que les stimulants, et surtout les sédatifs, revendiquaient tour à tour cette qualification fallacieuse[1].

Arrivant à la classe des LÉSIONS ORGANIQUES, termes vicieux, mais passés en usage, nous avons fait voir les fâcheuses conséquences qui sont résultées pour la philosophie médicale des peines minutieuses, très-louables en fait, avec lesquelles l'anatomisme s'est efforcé de scinder les diverses formes de ces altérations morbides. En étudiant comme produits isolés l'hypertrophie, l'atrophie, le ramollissement, l'induration, l'ulcération, les tissus accidentels avec ou sans analogues, etc., les anatomo-pathologistes ont habitué les praticiens à voir dans chacun de ces produits un être à part, indépendant des lésions originelles variées qui peuvent aboutir à ces altérations. Nous nous sommes donc efforcé de rétablir la synthèse et de faire voir par quelle filiation de phénomènes certaines lésions initiales des solides ou des liquides : inflammation, congestion, irritation, diathèse, cachexie primitive ou secondaire, arrivaient, en dernier résultat, à produire ces lésions dites **organiques**, dont la génération d'emblée est certainement le cas exceptionnel. Chemin faisant, nous avons combattu les erreurs qui résultent de ces titres de fondants, incisifs, spécifiques, etc., attribués à certains remèdes dont

[1] Voir nos *Recherches pratiques sur les maladies nerveuses* (*Bulletin de thérapeutique*, 1840).

l'efficacité peut, souvent, tout aussi bien s'interpréter à l'aide des propriétés générales relevant de la classe des médicaments à laquelle ils appartiennent.

Après avoir passé assez légèrement sur les lésions *sans production de tissus anormaux* et sur celles *avec production de tissus analogues*, nous nous sommes plus particulièrement arrêté à l'histoire des *produits sans analogues*, lesquels jouent un rôle plus important en pathologie. Nous avons examiné les opinions émises au sujet de la *diathèse calculeuse* et des moyens curatifs qui lui sont applicables, et nous avons vu que la lithiase, loin d'être toujours l'expression d'un état général, d'une dyscrasie du sang, résulte souvent, au contraire, de conditions locales purement physiques ou chimiques, ou de lésions affectant primitivement les organes solides, et nous en avons déduit la nécessité d'un traitement rationnel, distinct de ces lithontriptiques dont la puissance problématique a été singulièrement exagérée par les parties intéressées, et peut-être aussi trop dépréciée par les partisans des moyens chirurgicaux.

Au sujet de l'*infection purulente*, les avis sont partagés entre la résorption simple, la phlébite et la diathèse pyogénique. Ces trois opinions, soumises au contrôle des faits, nous ont paru contenir chacune une part de vérité. Il en est de même des abcès dits métastatiques, lesquels, selon nous, peuvent résulter du simple dépôt du pus ou de sa formation idiopathique par inflammation. Quant au traitement de la résorption purulente, il est assez efficace pour la prévenir, et malheureusement impuissant pour la conjurer quand elle est établie.

Nous nous sommes longuement étendu sur l'histoire du *tubercule*, qui est un produit de sécrétion, d'essence humorale, par conséquent. Mais s'il dérive souvent d'une diathèse, on le voit assez fréquemment aussi se produire en l'absence de tout caractère diathésique, sous l'influence d'une cause purement locale, d'une inflammation, d'un dépôt de matières subissant la transformation tuberculeuse; et alors, idiopathique dans le principe, ce n'est que consécutivement qu'il se généralise pour produire la cachexie. Nous avons vu que c'est bien l'inflammation qui, le plus souvent, donne l'éveil à la diathèse, laquelle, sans cela, pourrait sommeiller indéfiniment; et qu'enfin, soit comme cause première ou comme cause déterminante ou comme simple complication, l'élément inflammatoire joue un rôle des plus importants dans l'affection tuberculeuse, rôle tellement important que, dans beaucoup de cas, il peut absorber l'élément principal, le tubercule même, au point de vue de la thérapeutique[1]. En conséquence, nous avons cru devoir faire justice de ces prétentions sans cesse renouvelées de guérir le tubercule au moyen de certains agents prétendus spécifiques, fondants ou autres, et nous avons fait voir qu'ici comme toujours les succès en pratique dépendaient de la sagacité avec laquelle on savait discerner et combattre les éléments constitutifs : diathèse, tubercule, inflammation, fièvre, douleur, cachexie, etc. Mais, hélas! les ressources de l'art, on le sait, n'ont guère de chance qu'au début, alors que la tuberculisation même est douteuse encore; et lorsqu'elle est décidée, la

[1] La réalité du rôle de l'inflammation dans la formation du tubercule vient d'être confirmée par un observateur allemand, le docteur Fr. Buhlmann, dont le travail intitulé: *Matériaux pour l'étude microscopique des maladies de la muqueuse respiratoire*, a été couronné par l'université de Berne (1843). « La tuberculisation, dit-il, a probablement lieu *à la suite d'une légère in-« flammation*, se terminant par exsudation et se développant ou bien chez des « individus pauvres en fibrine, ou riches en fibrine. L'inflammation n'est ja-« mais aiguë, si ce n'est dans la phthisie dite *galopante* » (*Gazette méd. de Paris*, n° 12. 1845).

guérison, si elle est possible, est une chance heureuse sur laquelle ne doit pas compter le praticien, dont le rôle se borne à soulager. Si la méthode rationnelle procure bien peu de succès, nous doutons que les spécifiques puissent en produire davantage [1].

Nous avons élaboré avec non moins d'attention l'histoire si problématique du *cancer*, dont nous avons circonscrit la signification à la production du squirrhe et de l'encéphaloïde. En tant que produit sécrété, l'évolution du cancer a beaucoup d'analogie avec celle du tubercule. Ici encore s'est offerte la pénible tâche de détruire quelques illusions à l'égard de certaines médications réputées spécifiques; ici encore le traitement rationnel consiste dans l'application des moyens variés, réclamés par les éléments divers de la maladie; à savoir dans les remèdes indiqués par les lésions initiales ou concomitantes, inflammation, ulcération, etc., qui peuvent aboutir à la dégénérescence cancéreuse; dans la curation du cancer lui-même, qui n'admet guère que des moyens chirurgicaux, et enfin dans les soins que réclame la cachexie, laquelle, il faut le dire, ne reconnaît que des moyens palliatifs. Quant à la nature du cancer, ce n'est aussi qu'un produit particulier, d'essence humorale, probablement, et d'origine variable, souvent locale et de nature inflammatoire, susceptible, quoi qu'on en ait dit, d'être étouffé dans son germe, extirpé dans sa racine, mais qui reste inexpugnable à l'état de généralisation ou de cachexie.

Après quelques considérations sommaires sur cet autre produit humoral : la *mélanose*, production innocente en

[1] Voir: *Clinique médicale de la faculté de Strasbourg*, 1842 (*maladies de l'appareil respiratoire*), et notre *Lettre à M. le docteur* Louis *sur la phthisie* (*Gaz. méd. de Paris*, 1843).

elle-même, constituée probablement par la matière colorante du sang, n'agissant qu'à titre de corps étranger, et que faussement on a voulu rattacher au cancer, nous avons jeté un coup d'œil d'ensemble sur cette famille de produits anormaux, infection purulente, tubercule, cancer, mélanose, qui, tous susceptibles de diathèse, mais pouvant avoir une origine purement locale, puisent leur source ou dans une crâse humorale généralisée, ou dans une lésion idiopathique des solides, pour ensuite infecter tout l'individu et aboutir à la cachexie ; lésions qui presque toujours s'associent d'autres éléments, tels que l'inflammation, qui les aggrave toujours et réclame une part essentielle dans le traitement ; ce que les esprits exclusifs ou passionnés s'obstinent à ne pas voir, au grand détriment de l'humanité. Quant à la spécificité prétendue, à leur nature intime, ce sont des mystères qui se confondent avec celui de l'idiosyncrasie. L'espèce de la lésion est un fait primordial ou du moins au delà duquel n'existent que des hypothèses. Demander pourquoi chez tel individu surgit la diathèse purulente ou la tuberculisation ou le cancer, etc., c'est demander pourquoi, dans les mêmes conditions apparentes, chez l'un se montre une angine, chez l'autre une pleurésie, chez le troisième un rhumatisme, etc. Si le résultat accidentel suffisait pour constituer la spécificité, la pathologie ne se composerait que d'affections spécifiques, de même que l'organisation normale comporte autant de variétés que d'individus. Tout cela résulte certainement de certaines combinaisons d'éléments organiques matériels qu'il est parfois possible d'apprécier, comme dans certains cas de diathèse tuberculeuse, mais qui, le plus souvent, restent profondément cachés, comme dans la diathèse cancéreuse. Ces *desiderata* doivent piquer notre émulation ; mais il faut nous garder de leur substituer ces hypothèses de vices, de virus, qui ne peuvent que fausser les esprits et précipiter l'art dans des voies dangereuses.

De là nous sommes passé à l'étude des *parasites*. Après quelques considérations destinées à réfuter le roman de la *phthiriase* ou maladie pédiculaire, nous nous sommes étendu sur l'intéressante histoire des *helminthes* ou entozoaires. Leur énumération a été suivie de l'examen de cette grande question des générations spontanées : ces animaux proviennent-ils du dehors ou s'engendrent-ils dans les organes ? Mystère ineffable, dont la solution est encore en litige, ce qui, fort heureusement, importe assez peu pour la pratique. Quelle que soit leur origine, il est certain que les vers ne peuvent se former ou leurs germes se développer dans l'économie, que dans certaines conditions organiques ; autrement toutes les circonstances restant les mêmes, ils ne se produiraient jamais ou se reproduiraient indéfiniment. Tel est le grand et incontestable principe, que la plupart des praticiens ignorent ou perdent de vue, absorbés qu'ils sont dans la contemplation exclusive du corps à éliminer. Que la condition génératrice des helminthes soit l'irritation ou autre chose, elle existe, il faut en tenir compte. Après l'interminable litanie des symptômes vermineux, nous sommes arrivé à cette conclusion que ces symptômes peuvent exister en l'absence des vers, et que les vers peuvent exister sans ces symptômes. Cette dernière proposition n'implique pas la nullité des lésions d'organes, et prouve seulement que celles-ci peuvent exister, comme toute autre lésion interne, sans se révéler au dehors. Mais cela prouve que les vers sont plus innocents par eux-mêmes qu'on ne l'a prétendu, et nous avons réfuté cette accusation d'avoir pu produire jusqu'à des perforations intestinales. De ce qui précède il résulte encore que les symptômes vermineux peuvent être indépendants de la vermination, ou constituer de simples coïncidences; cela prouve enfin que pour les vers comme pour les calculs, pour les poisons, il n'existe guère qu'un signe pathognomonique : c'est l'exhibition du corps du délit, l'issue du ver lui-même.

Si l'élément viscéral est indispensable à la génésie des entozoaires, s'il est inhérent à leur symptomatologie, il n'est pas moins important à considérer en vue du traitement. Tous ces agents vomitifs, purgatifs, amers, âcres, etc., que vous dirigez contre les helminthes, les croyez-vous sans action sur les tissus? S'ils se bornaient à chasser, à tuer les vers, pourquoi ceux-ci ne se reproduiraient-ils pas indéfiniment? Notez que tous ces agents sont plus ou moins irritants, et que l'affection vermineuse est propre aux constitutions molles, humides, et que l'altération viscérale, si c'est une irritation, est probablement de celles que modifient favorablement les agents de cette espèce. D'où nous concluons que les anthelmintiques pourraient bien ne pas être précisément des spécifiques, mais bien des modificateurs, qui, tout en détruisant les vers, changeraient la vitalité des organes, en vertu de leurs propriétés générales. Toute cette discussion, sans enrichir l'art, perfectionne quelque peu la science en rectifiant quelques erreurs.

Nous sommes arrivé à la sixième classe : celle des CACHEXIES, non plus de ces cachexies secondaires dont nous avons déjà parlé, mais bien de celles réputées essentielles ou primitives. Ici, nous rencontrons d'abord *l'affection scrophuleuse :* encore une de ces maladies environnées de ténèbres et de préjugés. C'est, dit-on, une affection morbide du système lymphatique, avec production de tumeurs et de tubercules, que beaucoup pensent être occasionnée par un vice particulier ou spécifique. Eh bien ! en y songeant avec maturité, nous avons cru voir dans les scrophules un être complexe, à savoir l'exagération du tempérament lymphatique sur lequel vient se greffer l'irritation. L'inflammation scrophuleuse, en effet, n'est telle que parce que cette inflammation s'exerce sur la constitution lymphatique, et celle-ci ne passe à l'état scrophuleux que par l'intervention accidentelle de l'irritation. Que si les scrophules aboutissent au tubercule, c'est que telle est la solution naturelle de l'irritation, sévissant sur les organes lymphatiquement constitués. On prétend, il est vrai, que la diathèse scrophuleuse ou le lymphatisme exagéré peut créer le tubercule d'emblée ; c'est possible en théorie, mais en pratique, il est vrai de dire que ce cas est l'exception, et même alors l'irritation ne tarde pas à se mettre de la partie. De tout cela résulte que la cause unique, spécifique des scrophules est une illusion. Toute cause agissant dans le sens de l'exagération lymphatique, peut aboutir aux scrophules, dont, en général, l'étiologie est complexe : hérédité, air vicié, aliments peu réparateurs, etc., peuvent y jouer leur rôle, intervenant l'irritation, autre élément essentiel de l'affection scrophuleuse. Ne bornant pas leur action au système lymphatique apparent, les scrophules peuvent affecter non-seulement les glandes conglobées, mais encore la peau, les muqueuses, même les os. Il faut distinguer les engorgements scrophuleux des engorgements simples, la tuberculisation scrophuleuse de celle qui ne l'est pas ; car le tubercule peut procéder d'affections tout autres que les scrophules ; le rachitisme, l'ostéomalacie paraissent aussi devoir en être distingués (J. Guérin). Le cachet révélateur des affections scrophuleuses est et ne peut être que le tempérament lymphatique exagéré. De ces considérations dérive le traitement rationnel : corrigez l'élément constitution, mais n'oubliez pas l'élément irritation. Les antiscrophuleux, qui, presque tous, sont des stimulants, peuvent aggraver le mal, si l'irritation est intense; lorsqu'elle est éteinte ou seulement modérée, les stimulants ont chance de succès, l'hygiène venant en aide. Mais c'est là une œuvre longue, difficile, chanceuse et stérile, trop souvent. Vous le voyez, l'élément spécifique, nous le cherchons en vain.

Le *scorbut* est une de ces affections-types qui restent debout à travers les révolutions de la science, comme pour protester contre les exagérations des systèmes exclusifs. Sous le règne absolu du solidisme, le scorbut est resté maladie humorale, simple vice de nutrition pour Broussais lui-même. Ici la lésion du sang est manifeste, il n'y a d'incertitudes que sur l'étiologie. Eh bien! toute cause agissant dans le sens de cette dyscrasie sanguine doit être acceptée. La principale est sans doute l'alimentation insuffisante, animale ou végétale, exclusive surtout, car l'homme est omnivore; mais la froidure, l'humidité, les fatigues, la tristesse, voire même certaines altérations des organes assimilateurs, ont aussi leurs influences. La symptomatologie du scorbut est de notoriété vulgaire; elle se distingue par l'intégrité des fonctions cérébrales et gastriques au sein d'une dissolution générale et profonde. Ses terminaisons sont la mort ou une guérison dont la promptitude merveilleuse, dans certains cas, étonne la raison. Quant à ses complications, le scorbut n'exclut pas l'inflammation qui le constitue scorbut *chaud*, *aigu*, de froid et chronique qu'il est de sa nature. Les ulcérations inflammatoires de l'intestin paraissent ne pas être rares. Il ne peut guère être confondu qu'avec la maladie tachetée de Werlhof, dont il est radicalement distinct. Son pronostic est à la fois très-grave ou léger, selon l'occurrence hygiénique, car l'hygiène presque seule fait les frais du traitement, lequel n'est que le contrepied de l'étiologie. Les médicaments n'agissent guère que comme moyens accessoires. Il n'existe point d'antiscorbutique absolu : si l'on parle beaucoup des sucs végétaux frais, c'est que la privation de ces végétaux est la cause la plus commune [1].

La *chlorose* est trop connue et trop bien analysée de nos jours, pour que nous prétendions y changer quelque chose. Disons seulement que par ses rapports étroits avec l'hystérie, elle doit déplacer bon nombre de névroses, qui, de primitives qu'elles étaient, deviennent ainsi symptomatiques d'une lésion humorale. Quant à son traitement, nous avons réduit certaines prétentions industrielles à leur valeur, en proclamant l'utilité du fer, sous une forme *quelconque*, pourvu qu'il soit absorbé.

L'*anémie* est une autre cachexie qui se rapproche de la précédente, et s'en distingue pourtant par ses causes plus rapides, par certains traits symptomatiques, mais peu par son traitement.

S'il nous fallait maintenant établir les caractères différentiels des quatre genres de cachexies primitives que nous venons d'étudier, nous dirions que, dans l'état actuel de la science, on peut les formuler ainsi: les scrophules sont un vice de nutrition qui procède lentement, auquel se joint l'irritation ; le scorbut dérive de causes analogues, mais agissant avec plus de promptitude et d'intensité, pour produire une plus grande dissolution du sang; la chlorose

---

[1] Voir notre *Médecine navale*, t. II, article *scorbut*.

consiste dans la diminution d'un élément particulier du sang, la matière colorante; l'anémie, enfin, résulte d'une diminution plus ou moins prompte du sang dans la totalité de ses éléments.

Nous avons beaucoup parlé jusqu'ici de lésions humorales et nous en parlerons encore; mais il est temps d'apprécier la part positive et le mécanisme de ces lésions dans la production des maladies; on a lieu d'être vivement frappé de cet aperçu de FERNEL, qui nous paraît aussi vrai que profond : « L'altération des humeurs, bien qu'elle soit « contre nature, ne constitue pas une maladie, *tant qu'elle* « *n'adhère pas au solide vivant ;* elle ne trouble les fonc- « tions que lorsque survient la maladie. » Ce qui veut dire que la maladie relève essentiellement des solides, des rouages de l'économie, dont le dérangement amène le trouble des fonctions; et en effet, que le rouage, le solide continue de fonctionner, peu importe l'état des liquides en circulation : on a vu des gens bien portants dont le sang présentait des aspects extraordinaires. Ceci confirme la prééminence du solidisme; mais hâtons-nous d'ajouter que, les liquides étant viciés, les solides ne tardent pas à s'affecter, ce qui reconstitue l'importance de l'humorisme. Ayons donc égard à la fois aux solides et aux humeurs.

Notre septième classe de maladies comprend les INTOXICATIONS primitives, que nous avons divisées en *minérale* et *végétale*, constituant les empoisonnements proprement dits; puis en *animale*, physiologique (venins) et morbide (virus); enfin en intoxication *mixte*, à éléments mélangés et peu connus, comprenant les miasmes et les effluves, le miasme n'étant pas purement animal, ni l'effluve purement végétale. Dans cette classe rentre une foule d'affections d'essence humorale, car le poison s'épand par voie de circulation. Piqûres et morsures venimeuses, hydrophobie, syphilis, morve, fièvres éruptives contagieuses, fièvres paludéennes, s'y donnent rendez-vous. De ces affections, quelques-unes ont été traitées, la plupart relèvent de la pathologie spéciale ou de la chirurgie, et nous avons dû nous restreindre à quelques considérations sur l'*empoisonnement* proprement dit, son histoire détaillée appartenant à la toxicologie.

Après quelques détails sur les poisons irritants, narcotiques, narcotico-âcres et septiques, ainsi que sur les symptômes qu'ils provoquent, symptômes parfois assez obscurs pour ne pas révéler clairement le genre d'empoisonnement, nous avons insisté sur le diagnostic différentiel de l'intoxication comparée avec les nombreuses maladies qui peuvent la simuler, distinction difficile, délicate, et qui importe gravement au médecin. Le seul signe pathognomonique de l'empoisonnement est, on le sait, l'exhibition du poison.

Nous nous sommes surtout occupé du traitement, car nous pensons qu'à cet égard il existe beaucoup de confusion et de préoccupations fâcheuses dans l'esprit des praticiens. Or, nous avons fait voir qu'en dépit des difficultés qu'ont suscitées les toxicologues par leurs utiles et savantes recherches sur les poisons et les antidotes, la médecine conserve incontestablement ici sa prééminence sur la chimie, par les immenses services qu'elle peut rendre, en l'absence même de toute notion chimique. En effet, prenant pour exemple l'empoisonnement par déglutition, si le poison est encore dans l'estomac, l'indication première est toute médicale, c'est de faire vomir ; s'il est dans l'intestin, l'indication, toute médicale encore, est de purger ; s'il est passé dans les voies de l'absorption, c'est en vain que vous lâcherez l'antidote à sa poursuite ; le poison a les devants, et l'antidote, s'il peut l'atteindre, sera tellement dilué, décomposé peut-être, qu'il aura perdu toute sa vertu ; l'indication est donc encore ici toute médicale, c'est de combattre les accidents généraux par les moyens connus, c'est de tenter d'éliminer le poison en sollicitant les émonctoires. Parvenu dans le tissu des organes, le poison absorbé y exerce ses ravages hors des atteintes des réactifs, et l'art n'a plus qu'à combattre la lésion d'organe. Rares sont donc les cas où les antidotes sont applicables, ou du moins efficaces, à l'exclusion des agents médicinaux ordinaires. Rien n'empêche pourtant qu'on n'en fasse usage concurremment avec ces derniers, et que, par exemple, on associe aux évacuants, aux tisanes, aux potions, la magnésie, le blanc d'œuf, le sel, le quinquina, le fer hydraté, etc., suivant l'occurrence [1].

Ainsi nous sommes arrivé au terme de nos commentaires généraux sur le cadre nosologique, en même temps que notre enseignement semestriel atteignait sa fin. Et pourtant nos cinquante-deux leçons n'ont pas suffi au développement intégral des prolégomènes de la science ; il nous eût plu d'ajouter quelques considérations sur la pathologie des systèmes de tissus et des appareils d'organes, en général, pour arriver enfin à la pathologie spéciale ou histoire des diverses maladies de chaque organe en particulier. Ici je sens naître un scrupule : c'est que, m'étant inscrit pour faire un cours de pathologie spéciale, je me trouve n'avoir pas même abordé la matière. Est-ce ma faute ? n'est-ce pas plutôt celle du sujet ? Désirant déblayer le terrain avant d'y bâtir, et ne rien laisser d'incompris

[1] Voir notre article sur le *traitement des empoisonnements* (*Bulletin de thérapeutique*, 1842). — *Empoisonnement par un gros d'extrait d'opium* (*Transact. médic.*, 1832).

sur notre passage, l'enchaînement logique des objets nous a forcément entraîné à faire, en définitive, que dirai-je?.. un cours de pathologie générale? Non, pas précisément : cette mission appartient à un autre, qui, sans doute, l'a remplie dans son intégrité. Pour nous, peu soucieux de suivre les routes battues, nous avons enjambé sur les détails par trop classiques, pour nous attaquer aux questions litigieuses, aux problèmes fondamentaux de la science et de l'art. C'est, en un mot, de la philosophie médicale [1] que nous avons faite et voulu faire. Puissent la grandeur du sujet, la rareté de l'entreprise et le courage de l'exécution nous faire obtenir grâce auprès de l'auditoire qui, par son indulgence et sa persévérante assiduité, m'a pénétré d'un vif sentiment de gratitude, dont je le prie d'agréer ici la sincère expression [2].

[1] J'entends par *philosophie* la connaissance générale des causes et des effets, dans l'ordre moral et dans la nature physique (Mme DE STAEL, *de la littérat., disc. prélim.*). En matière de science, la philosophie est la raison des faits..

[2] Si ce résumé ne contient guère que des renvois à nos propres travaux, c'est qu'il s'adresse à nos élèves, auxquels nous avons voulu indiquer les sources où ils pourront puiser les développements et les preuves à l'appui de nos principes. Ce motif seul a pu nous distraire de l'usage où nous sommes, d'invoquer toujours l'autorité d'autrui pour appuyer la nôtre.

Tab. I.

ESSAI DE CLASSIFICATION DES MÉDICAMENTS.

CLASSES.

1re. STIMULANTS
- spéciaux
  - fixes (toniques)
  - diffusibles (excitants)
  - sudorifiques
  - diurétiques
  - vomitifs
  - purgatifs
  - nervins (antispasmodiques)
  - emménagogues, etc.
- astringents
- inflammatoires
  - rubéfiants
  - vésicants
- caustiques
- révulsifs ou dérivatifs
- substitutifs, etc.

directs ou indirects.

2e. DÉBILITANTS
- émollients (mucilage, gomme, fécule)
- tempérants (froid, acidules)
- hémorrhagiques (saignées)

3e. SÉDATIFS
- généraux
- spéciaux

4e. ALTÉRANTS
- chimiques (acides, alcalis, etc.)
- organiques (résolutifs, incisifs, fondants) — iode, mercure, etc.

5e. SPÉCIFIQUES : anti-
- périodiques.
- syphilitiques.
- scrophuleux.
- dartreux.
- helminthiques, etc.

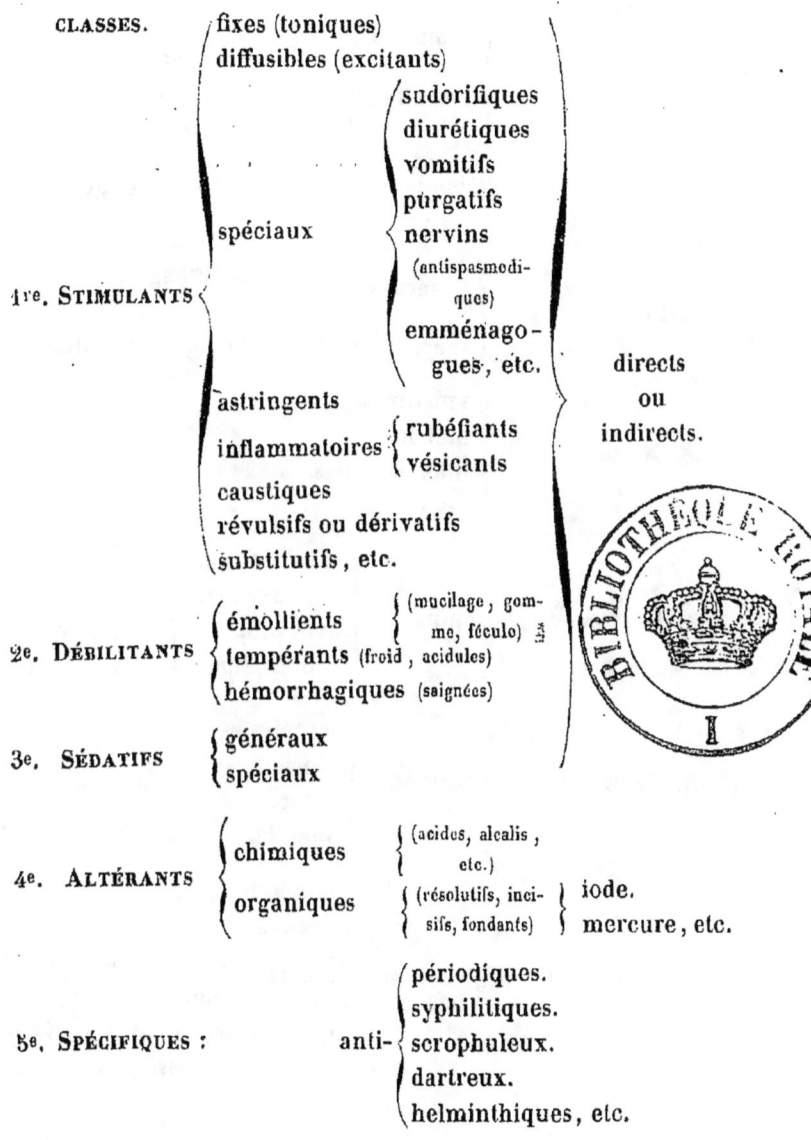

ESSAI DE CLASSIFICATION DES MALADIES.

CLASSES.

1re. Fièvres
- symptomatiques
- essentielles?
  - continues.
  - intermittentes.
  - éruptives.

2e. Inflammations (comprenant l'irritation et la congestion active).

3e. Flux
- généraux
  - hémorrhagies.
  - hydropisies.
- spéciaux (propres à quelques organes).

4e. Névroses
- sensitives.
- motrices.
- intellectuelles.
- viscérales.

5e. Lésions dites organiques
- sans produits nouveaux
- avec produits nouveaux
  - analogues.
  - sans analogues.

6e. Cachexies (primitives)
- scrophules.
- scorbut.
- chlorose.
- anémie.

7e. Intoxications (primitives)
- minérale.
- végétale.
- animale
  - physiologique (venins)
  - morbide (virus).
- mixte (comprenant les *miasmes* et les *effluves*.

PUBLICATIONS PRINCIPALES

DU PROFESSEUR FORGET.

MÉDECINE NAVALE, 2 vol. in-8°; 1833 (couronnée par l'Institut de France).

TRAITÉ DE L'ENTÉRITE FOLLICULEUSE, un fort vol. in-8°; 1841.

CLINIQUE DE LA FACULTÉ DE STRASBOURG, in-8°; 1842.

RELATION DE L'ÉPIDÉMIE DE MÉNINGITE DE STRASBOURG; 1842.

RECHERCHES CLINIQUES SUR LE DIAGNOSTIC DES MALADIES DE L'APPAREIL CÉRÉBRO-SPINAL; 1838.

ÉTUDES CLINIQUES SUR LES MALADIES DU COEUR; 1845.

LETTRE SUR L'ALBUMINURIE; 1837.

MÉMOIRE SUR LES PERFORATIONS SPONTANÉES DU CANAL DIGESTIF (*Gazette médicale de Paris*), 1837.

EXAMEN DE LA DOCTRINE DES CONSTITUTIONS ÉPIDÉMIQUES; 1843.

DE LA RÉALITÉ DE LA MÉDECINE ET DE SES DOGMES FONDAMENTAUX; 1839.

DES CAUSES DE LA DIVERSITÉ DES OPINIONS EN MÉDECINE 1838.

PRODRÔMES DE MÉDECINE POSITIVE; 1841.

DES OBSTACLES AUX PROGRÈS DE LA THÉRAPEUTIQUE POSITIVE; 1842.

DOUZE LETTRES SUR LA THÉRAPEUTIQUE (*Gazette des hôpitaux*); 1843-1844.

La plupart de ces ouvrages se trouvent chez J. B. Baillière, libraire à Paris, et chez Derivaux, à Strasbourg.

www.ingramcontent.com/pod-product-compliance
Lightning Source LLC
LaVergne TN
LVHW051512090426
835512LV00010B/2495